Heil-
schnäpse
&
Genuss-
liköre

Christine Taylor

Heil-
schnäpse
&
Genuss-
liköre

Bassermann

Inhalt

Das Gänsefingerkraut findet man an Wegen, in Gräben und auf Wiesen.

Aus den Wurzeln des gelben Enzians wird der Enziangeist hergestellt, der vor allem wegen seiner verdauungsfördernden Wirkung bekannt ist.

Gesammelte Früchte aus Wald und Flur 53

Nicht nur die Himbeeren schmecken gut, sondern auch der aus ihnen hergestellte Likör.

Pflanzen aus Garten und Handel

Die Johannisbeere zeichnet sich durch einen hohen Vitamin-C-Gehalt aus.

Süße Leckereien 113

Aus Orangen lassen sich köstliche »Geister« herstellen.

Vorwort

Wer wollte nicht immer schon für sich oder besondere Gäste ein Gläschen duftigen Orangenlikör, einen würzigen Bénédictine oder süßen Erdbeerlikör selbst fabrizieren und damit Freude bereiten? Auch der »eigene« erlesene Magenbitter zur besseren Verdauung wird nach einem üppigen Mahl seine gute Wirkung tun – ebenso wie ein Heilschnäpschen Gesundheit und Lebensfreude verschafft.

In diesem Buch erfahren Sie alles Wissenswerte über die Kunst der Schnaps- und Likörbereitung, wie und wann man die Pflanzen, Frucht- und Gewürzzutaten am besten ansetzt, wie lange die Ansätze reifen müssen und welchen Verwendungszweck sie haben.

Im Mittelpunkt des Kapitels »Heilsame Geister« steht die Beantwortung der Frage, welche Beschwerden man mit ihnen lindern kann. Auch über Herkunft und Heilwirkung der Pflanzen und ihre Verwendung in der Volksmedizin erfahren Sie einiges. Schon die Mönche im Mittelalter erprobten so manches dieser Rezepte. Ein klassisches Anwendungsgebiet sind Verdauungsstörungen und Völlegefühl: Magenbitter mit Zusätzen wie Kümmel, Anis, Enzian oder Wermut sind sicher jedem bekannt.

Aber auch ungewöhnlichere Schnäpse mit Zusätzen wie Schafgarbe oder Bärlauch spielen in der Volksmedizin von alters her eine Rolle. So werden einige unserer »Geister« nicht getrunken, sondern finden als Einreibung Verwendung.

In den darauf folgenden Kapiteln setzen wir auf den reinen Genuss:

🍃 mit edlen Schnäpsen und Likören aus allerlei Feld- und Gartenfrüchten,

🍃 Hochprozentigem aus exotischen und Zitrusfrüchten und

🍃 süßen Delikatessen aus Honig, Bier, Milch und Schokolade.

Ebenso wichtig wie der gesundheitliche Nutzen und der angenehme Geschmack sind die Freude am Selberzubereiten, am Sammeln und Ernten der Pflanzen und Früchte, kurz an allen Vorbereitungen, die mit dem Ansetzen von Schnäpsen und Likören verbunden sind.

Unsere Geduld ist hier oftmals gefordert. Für mich hat es immer einen eigenen Reiz, die Zutaten für den Ansatz in die Flasche zu geben und mit dem jeweiligen Alkohol aufzugießen. Und erst das Vergnügen, das eigene Produkt nach oft langer Reifezeit erstmals kosten zu dürfen! Jeder Tropfen lässt sich mit etwas Übung so abwandeln, dass er zum unverwechselbaren Einzelstück wird. Die natürlichen Zutaten variieren ohnehin stets im Geschmack, so dass kein Likör oder Schnaps immer gleich gerät.

Wer gerne experimentiert, wird an der Likörherstellung bestimmt viel Freude haben. Aber auch Anfänger können sich ohne weiteres daran wagen. Versuchen Sie es doch einfach – die in diesem Buch gesammelten Rezepte helfen Ihnen dabei! Sie sind so abgefasst, dass sie einfach und problemlos nachzuvollziehen sind. Darüber hinaus finden Sie zu vielen Zutaten nützliche Tipps, wie Sie sie sonst noch verwenden können: für einen Heiltee, für die Zubereitung eines alkoholfreien Sirups oder einer köstlichen Marmelade beispielsweise.

Viel Spaß beim Ausprobieren und Nachkochen!

In hübsche Karaffen abgefüllt, eignen sich unsere feinen selbstgemachten Liköre und Schnäpse auch ideal zum Verschenken.

Das Ansetzen von Likören und Schnäpsen

So einfach das Ansetzen eines Likörs auch ist, ein wenig Know-how gehört schon dazu, um einen guten Tropfen herzustellen.

In diesem Kapitel verraten wir Ihnen die wichtigsten Tipps und Tricks der Likör- und Schnapsherstellung. Wissenswertes über die benötigten Zutaten, Geräte und Spirituosen und ein kleiner Streifzug durch die Geschichte des Alkohols ergänzen das Kapitel.

Liköre und Schnäpse hausgemacht

Noch vor nicht allzu langer Zeit war die häusliche Likör- und Schnapsbereitung weit verbreitet, Hausfrauen (und -männer) übten sich in ihr und in den meisten Kellern fand man nicht nur eingemachtes Gemüse und Obst und selbst gekochte Marmelade, sondern auch Flaschen mit selbst gemachten Schnäpsen und Likören. Heute ist die Kunst der Likör- und Schnapsbereitung ein wenig aus der Mode geraten, zu groß ist das Angebot der Spirituosenindustrie, die uns mit immer neuen Erzeugnissen überschwemmt. Oft fehlt auch die Muße und Geduld, einen Likör oder Schnaps selbst anzusetzen. Viele moderne Stadtbewohner schreckt vielleicht auch der Gedanke ab, die Herstellung eines eigenen Schnapses oder Likörs sei irgendwie geheimnisvoll und schwierig. Wohlgemerkt: Es geht hier nicht um das Selbstdestillieren von Alkohol – das ist uns verboten und sollte den Brennereien vorbehalten bleiben, auch wenn es technisch möglich wäre, abends in der Küche eine heimliche Schwarzdestille zu betreiben.

Die Mazeration

Wir sprechen hier vom Prozess der Mazeration. Dazu setzen wir die Gewürze, Kräuter, Früchte oder Beeren mit Alkohol an und warten, bis der Alkohol deren Aroma- und Heilstoffe herauszieht oder wie der Fachmann sagt, mazeriert. Danach filtern wir und ziehen das Getränk auf eine Flasche.

Was wir dazu brauchen, ist »fertiger« Alkohol aus dem Handel, also verschiedene Branntweinsorten wie Cognac, Whisky, Obstler, Weinbrand, Wodka, Gin etc. Für einige Rezepte benötigen Sie reinen Alkohol (Äthylalkohol), den man in der Apotheke oder Drogerie bekommt. Geeignet ist jede Art von destilliertem Alkohol, je nach Geschmack und Likörart finden aber auch Bier, Wein und Most Verwendung. Die größte Rolle spielt dabei die Stärke des jeweiligen Alkohols.

Nur vollmundig-aromatisches Obst und fachgerecht getrocknete und gelagerte Kräuter sollten verwendet werden.

Honig war lange Zeit das einzige bekannte Süßungsmittel und im Vergleich zu heute auch außerordentlich teuer.

Wichtig ist vor allem, dass man für den Ansatz nur die besten Zutaten (Früchte, Kräuter, Gewürze, Spirituosen) verwendet – denn nur so lässt sich ein guter Tropfen bereiten. Beim Alkohol sollten Sie Markenqualität der billigen Supermarktware vorziehen.

Zur Geschichte des Alkohols

Doch bevor wir zur Praxis der Schnaps- und Likörzubereitung kommen, ein kleiner Streifzug durch die Geschichte des Alkohols.

Am Anfang war der Honig

Bis heute vermag niemand zu sagen, wer die berauschende Wirkung des Alkohols zuerst bemerkt hat. Man weiß nur, dass Met (Honig mit Wasser) eines der ersten alkoholischen Getränke der Menschheit war. Viele Völker der tropischen Länder mischten von jeher Honig wilder Bienen oder auch von Erdhummeln mit Wasser, und dabei ist es wohl geschehen, dass solch ein Topf längere Zeit in der Hitze stehen blieb und der bewusste Saft umschlug und zu gären anfing. Und schon war aus dem Saft Met geworden.

Das Honiggetränk war fast überall auf der Welt verbreitet; ob in Brasilien, in Afrika, Griechenland oder in England – überall brachte der Trank auch neue Sitten und Gepflogenheiten. Man brachte ihn den Göttern als Opfergetränk dar, und wenn man genug von ihm trank, berauschte er einen. Das beglückte und erheiterte die Menschen, doch es erstaunte sie auch, so dass sie glaubten, ihr Zustand sei das Werk übernatürlicher Kräfte. So begründete Met auch die Sitte des Miteinandertrinkens, des Trinkens als Zeremoniell zu allen möglichen Anlässen und Festen, – zunächst vor allem zu religiösen.

»Heiliger Alkohol«

Überall auf der Welt fand man Gefallen am Alkohol. In China erfreute man Ahnen- und Luftgeister mit Vergorenem.

Die alten Inder brauten Soma aus dem Saft einer Pflanze und brachten ihren Göttern Trankopfer dar. Die Azteken schnitten die Blütenschäfte der Agaven an und ließen den austretenden Saft in Fruchtschalen vergären. In den alten Königreichen Afrikas bereitete man aus den zuckerhaltigen Teilen verschiedener Palmenarten berauschende Getränke, und mongolische Steppennomaden ließen Stutenmilch vergären.

Nun kannte und schätzte man zwar die Wirkung des Alkohols, doch über seine Gewinnung und wie man ihn zubereitete wusste man noch gar nichts. Erst mit der Zeit fand man heraus, wie man Alkohol gezielt herstellen konnte.

Die Destillation von Alkohol

Im Unterschied zum Brauen von Bier und Keltern von Wein, für die es schon seit Jahrtausenden Zeugnisse gibt, wurde die Destillation von Alkohol erst sehr spät erwähnt, auch weiß man nicht genau, wer sie entdeckte. Vermutlich lernte man unabhängig voneinander in verschiedenen Ländern, den Geist des Weines von den weniger flüchtigen Bestandteilen zu trennen und so den Branntwein (»gepranndten wein«) herzustellen.

Zwar scheinen schon kluge Männer des Altertums wie Aristoteles, Hippokrates und Plinius das Grundprinzip der Destillation gekannt zu haben, doch ob zu ihrer Zeit bereits jemand einen Destillierapparat baute, um damit einen Schnaps zu brennen, ist nicht bekannt.

Wahrscheinlich gelang es zuerst den findigen Arabern, aus alkoholhaltigen Flüssigkeiten den Alkohol in reiner Form herauszulösen. Urkundlich erwähnt wurde die Herstellung von »Feuerwasser« aus Wein zum ersten Mal um 1050 in den Schriften des Magister Salernus. Doch erst der große Arzt Paracelsus benannte 400 Jahre später das »feurige Wasser« Alkohol – wahrscheinlich in Anlehnung an das arabische Wort »al-co-hue«, was so viel bedeutete wie »feingemahlenes Antimonmetall« und eine Glanzschminke für die Augenlider bezeichnete, die in Alkohol gelöst wurde.

Einen mittelalterlichen Destillierapparat zeigt dieser Holzschnitt aus dem 16. Jahrhundert.

Alkohol – das »Lebenswasser«

Freilich blieb der Umfang der Spirituosenproduktion bis zum 15. Jahrhundert gering, und sie war sehr teuer. Auch galt Alkohol jahrhundertelang als Medizin – hergestellt von Ärzten, Chemikern, Apothekern und Mönchen, die ihre Rezepte geheim hielten. So lehrte eine französische Schrift, das »Lebenswasser« (lat. aqua ardens) sei gut gegen alle Schmerzen, Augentränen, schlechten Atem, Wassersucht, eiternde und entzündete Wunden, Bisse giftiger Tiere und gegen unheilbare Krankheiten.

Manche Ärzte empfahlen gar, sich regelmäßig zu betrinken, um Krankheiten vorzubeugen. Erst vom 16. Jahrhundert an entwickelte sich eine regelrechte Branntwein-Industrie, und der Schnaps wurde mehr und mehr zum Volksgetränk mit all seinen unliebsamen Folgen.

DIE WUNDERBARE WIRKUNG DES WEINS

Seit alters her gilt Wein als eines der köstlichsten Getränke. Schon in der Bibel schreibt man dem Genuss von Wein wohltuende Wirkung zu, so heißt es dort: Wein »erheitert Gott und den Menschen«. Und Salomon befahl, dass der Wein »jenem gegeben werde, der bereit ist, zu sterben und jenem, dem Kummer das Herz beschwert; lasset ihn trinken, auf daß er seine Armut vergesse und sich nicht mehr an sein Elend erinnere«. Auch Shakespeare war voll des Lobes über den Wein, wunderbar, so sein Falstaff, sei die Wirkung des Sherry: »Ein guter spanischer Sherry hat eine zweifache Wirkung in sich. Er steigt euch in das Gehirn, zerteilt da all die albernen und rohen Dünste, die es umgeben, macht es sinnig, schnell und erfinderisch, voll von behenden, feurigen und ergötzlichen Bildern; wenn diese dann der Zunge überliefert werden, was ihre Geburt ist, so wird vortrefflicher Witz daraus. Die zweite Eigenschaft unseres vortrefflichen Sherrys ist die Erwärmung des Bluts ... «

Die Folgen des Alkoholmissbrauchs

So hatte die Stadt Nürnberg schon 1496 Beschränkungen des Branntweinverkaufs verordnet, weil dessen Konsum zu täglichen Ausschreitungen und zu Unruhen führe. Schon lange war den Behörden der Branntweinverbrauch ein Dorn im Auge, vor allem gegen das unmäßige Trinken an Feiertagen zogen die Ratsherren zu Felde: »Nach dem von vil menschen in diser statt mit niessung geprannts wein eyn mercklicher myssbrauch und unordnung teglich und besunder an sonntagen und andern gepanndten (geschützten) und heyligen feyrtagen geübet wurdet und der geprannt wein dem menschen manigerley schwerer, schedlicher und tödtlicher kranckheit und swechen brene und gebere, darumb ist eine rate daran komen, ernstlich und vestiglich gepietende, das nun ein fürbass an eynischen sonntag oder gepanndten feyertagen geprandter wein hie in diser statt von niemandt verkauft werden soll.«

Alkohol als »Teufelswerk«

Die Kirchen hatten ebenfalls keine sehr hohe Meinung vom Alkohol. Für sie waren Bier und Schnaps ein Werk des Teufels. Doch alle Verbote und Verordnungen konnten nicht verhindern, dass sich der Alkohol immer mehr ausbreitete. Auch entdeckte man immer mehr Möglichkeiten, Alkohol zu brennen. Bald stellte man den ersten Branntwein aus Getreide her, und 1747 hielt man erstmals die Herstellung von Branntwein aus Kartoffeln schriftlich fest. Irland und Schottland wurden Whiskyländer, und die Holländer erfanden Gin und Genever. In London und Westminster beispielsweise gab es 1621 nicht weniger als 200 Schnapsdestillerien!

Alkohol im Industriezeitalter

Getrunken wurde Alkohol zwar in allen Schichten, doch waren es die unteren Gesellschaftsschichten, die unter seinen schädlichen Folgen am meisten litten. Besonders in den Zeiten der Industrialisierung explodierte der Alkoholkonsum. So groß war das Elend, dass immer mehr Arbeiter ihr Heil – und das Vergessen – im Alkohol suchten. Besonders schlimm war die Verelendung der Arbeiter in England, wo die Ginläden warben: »Betrunken für einen Penny. Sinnlos betrunken für zwei. Strohhalm umsonst.«
Natürlich tranken auch die Reichen, sie bedienten sich nur qualitativ besserer Rauschmittel: Cognac, Rum, Arrak, Whisky und Wein. Die Armen in Deutschland hingegen berauschten sich an billigem Kartoffelschnaps.
Bei alldem verdienten die Regierungen der jeweiligen Länder mit, mehr und mehr versuchten sie, ihre Kassen durch Alkoholbesteuerung und Alkoholmonopole zu füllen. Vor allem die russische Regierung ermunterte zum Trinken und half bei der Errichtung von Kneipen, um den staatlich geförderten Wodka abzusetzen. Man sagt sogar, dass es in Preußen und Südfrankreich von Seiten der Regierung Widerstand gegen die Einführung des Kaffee gegeben habe, weil man befürchtete, er werde den Alkoholkonsum zurückdrängen.

Weniger ist mehr!

Doch so zerstörerisch Alkohol auch sein kann, so ist er doch auch der Inbegriff der höchsten kulinarischen Kultur, denn wer

Im Mittelpunkt der eigenen Schnaps- und Likörherstellung stehen die wohltuende Wirkung und der Genuss.

möchte schon sein Glas Wein in geselliger Runde, seinen Digestif nach einem opulenten Mahl oder sein Gläschen fruchtig-frischen Likörs am Nachmittag missen? Alkohol hat sogar, da sind sich die Fachleute einig, in Maßen genossen anerkannte medizinische Wirkung. Ein Glas Wein oder Bier, ein Stamperl Schnaps tut Magen und Kreislauf wohl; er belebt, beruhigt und kräftigt. Nur zu viel dürfen wir von ihm nicht trinken. Wie sagte schon Paracelsus: »Allein die Dosis macht das Gift!« An uns ist es deshalb festzulegen, wie viel und in welcher Form wir den Alkohol genießen.

Eines steht fest: Liköre und Schnäpse sind kleine Höhepunkte am Ende eines feinen Menüs, eine kulinarische Besonderheit beim gemütlichen Nachmittagskaffee, auch helfen sie ein opulentes Mahl zu verdauen und halten uns in Frühjahrskuren gesund und fit.

Auch Liebhaber edler Spirituosen, die deren Geschmack normalerweise pur auskosten wollen, kommen bei unseren vielfältigen Rezepten auf neue Ideen.

Vom Alkohol und seinen Rohstoffen

Doch nun zu den Zutaten und Gerätschaften, die Sie für die Likör- und Schnapsherstellung benötigen.

Grundsätzlich können Sie jeden Alkohol verwenden, den Sie gerade zur Verfügung haben – vorausgesetzt er ist von guter Qualität! Dennoch gibt es Sorten, die sich für bestimmte Liköre und Schnäpse besser eignen als andere. Die folgenden Beschreibungen und die Übersicht auf Seite 16 sollen Ihnen helfen, den passenden Alkohol für Ihr Getränk zu finden.

Reiner Alkohol

Er wird immer dann verwendet, wenn der Alkohol keinen Eigengeschmack haben soll.

▶ Die Chemiker nennen ihn auch *Äthylalkohol, Äthanol* oder *Trinkbranntwein*. In jedem Fall hat diese Flüssigkeit immer mindestens 95 Volumenprozent Alkohol. Man erhält den Alkohol in kleinen Mengen in der Apotheke oder in Drogerien. Aber Vorsicht: es gibt auch Alkoholarten, die keinesfalls für den Genuss geeignet sind, wie Metyl-, Butyl- und Benzylalkohol.

▶ Weitere Bezeichnungen sind *Sprit, Primasprit, Feinsprit* oder *Weingeist*. Primasprit ist die gewöhnliche Form des Weingeistes, wer feinere Liköre ansetzen will, kauft Feinsprit, der mehrmals über Holzkohle gefiltert wurde.

Branntwein

Verwendet man keine reinen Alkohole, sondern Mischungen aus Alkohol und Wasser spricht man von Branntweinen.

▶ Dabei unterscheidet man Branntweine mit und ohne Geschmackszusätze, auch *aromatisierte Branntweine* genannt. Es ist auf dem Etikett der Flasche vermerkt, wie viel Alkohol der jeweilige Branntwein enthält.

Ausgangsprodukt können sowohl Obst als auch Getreide oder Kartoffeln sein. So gibt es Heidelbeerbrand mit 43 Prozent, Rum mit 62 Prozent oder Himbeergeist mit 40 Prozent Alkohol.

Weinbrand

▶ Beim *Weinbrand* hingegen handelt es sich um ausschließlich aus Traubenwein destilliertem Trinkbranntwein, also um, wie der Name schon sagt, gebrannten

Neben Getreide und Kartoffeln kann auch Obst zu Branntwein verarbeitet werden.

15

Wein. Der älteste und berühmteste Weinbrand kommt aus dem Weinbaugebiet der Charente, das sich rings um die Stadt Cognac nördlich von Bordeaux im Südwesten Frankreichs erstreckt. Seit 1919 ist der Name *Cognac* (auch in der deutschen Schreibweise Kognak) dem Weinbrand dieser Herkunft vorbehalten.

▶ Ein weiterer hervorragender französischer Weinbrand ist der *Armagnac* aus dem Departement Gers in der Gascogne. Wie beim Cognac handelt es sich dabei ausschließlich um einen Brand aus weißen Trauben.

▶ In Deutschland sind die heimischen Weinbrände, vor allem der *Asbach*, *Dujardin* und *Scharlachberg*, sehr beliebt. Zarte Früchte wie Walderdbeeren oder Waldhimbeeren setzt man gerne mit einem Weinbrand an – sie werden auf diese Weise wunderbar weich und mild.

Spirituosen aus Getreide

▶ *Kornbranntwein* (auch Kornbrand oder Korn) nennt man Branntweine, die aus Roggen, Weizen, Buchweizen, Hafer oder Gerste hergestellt sind. Zu den entfernten Verwandten des Korns im Ausland gehören unter anderem der *Whisky*, der englische *Gin* und der holländische *Genever*. Kornbrände eignen sich sehr gut zum Ansetzen von Früchten oder anderen Zutaten, da sie kaum Eigengeschmack haben.

Spirituosen aus Kartoffeln

In Geschmack und Geruch ist der *Kornsprit* vom Kartoffelsprit kaum zu unterscheiden.

▶ Als berühmtester Kartoffelsprit gilt der *Wodka*, ein wasserklarer Branntwein ohne jede spezifische Geschmacksnote, der mehrfach über Kohle gefiltert und mit Wasser auf 40 Prozent Alkoholgehalt reduziert wird. Er lässt sich gut mit allen Zutaten kombinieren.

Es gibt übrigens auch einige sehr gute Wodkasorten, die aus Getreide – vor allem Roggen und Weizen – hergestellt werden. Die besten kommen nach wie vor aus Russland, doch auch in Deutschland und England brennt man durchaus trinkbare Sorten.

Ein bekannter Vertreter aus der Gruppe der Obstgeister ist der Himbeergeist.

Spirituosen aus Obst

Hier unterscheidet man drei Gruppen:
- Obstbranntweine aus Steinobst und Beeren (*Obstwasser*),
- aus zuckerarmen Früchten (*Obstgeiste*) und
- *Kernobstbranntweine*.

Der Grund für diese Unterteilung ist ein Gesetz, welches vorschreibt, dass die Bezeichnung *Wasser* für einen Obstbrand nur dann verwendet werden darf, wenn er »ausschließlich aus der betreffenden vollen vergorenen Obstfrucht oder Beere oder deren Säfte ohne Zusatz von zuckerhaltigen Stoffen, Zucker oder Alkohol anderer Art gewonnen« wurde.

▶ Zu dieser Gruppe gehören *Wasser* aus Kirschen, Zwetschgen, Mirabellen, Pflaumen, Aprikosen, Pfirsichen, Heidelbeeren, Himbeeren, Brombeeren, Johannisbeeren, Erdbeeren und Vogelbeeren.

WELCHER ALKOHOL WOFÜR?

1. Äthylalkohol 95–96% Weitere Bezeichnungen: Äthanol, Trinkbranntwein, Weingeist	*Für alle Liköre/Schnäpse*
Feinsprit	*Geschmacksneutral* *Für feinere Liköre*
2. Branntwein	*Vielseitig, Eigengeschmack je nach Grundlage*
3. Weinbrand Cognac, Asbach etc.	*Milder, weicher Geschmack Für zarte Beeren und Früchte*
4. Kornbranntwein (= Korn) auch Whisky, Genever, Gin	*Wenig Eigengeschmack Für Frucht-, Beeren- und Gewürzliköre*
5. Kartoffelsprit (Wodka) 40–55%	*Geschmacksneutral Vielseitig*
6. Obstbranntweine	*Starker Eigengeschmack je nach Grundlage Für würzige Liköre und Schnäpse aus Früchten und Beeren*

Das Ansetzen von Likören und Schnäpsen

▶ Allerdings haben viele Beeren den Nachteil, dass ihr Zuckergehalt für den Brenner zu niedrig ist, weswegen man auf das Vergären der Früchte verzichtet, sie stattdessen mit Sprit ansetzt und anschließend destilliert. Den so gewonnenen Schnaps nennt man *Geist*.

▶ Nun die dritte Gruppe: Zunächst einmal nennt man alles, was aus Kernobst gebrannt wird, *Kernobstbranntwein*. Besteht das Erzeugnis nur aus sortenreinen Äpfeln oder Birnen, darf es auch *Obstwasser* oder *Obstler* genannt werden. Ein hervorragender Apfelbranntwein ist der französische *Calvados*. Unter den Obstwässern ist das *Kirschwasser* unschlagbar, das vor allem in Europa hohe Wertschätzung genießt: Die Franzosen haben ihren *Cerise*, die Schweizer ihr *Chriesiwässerli*, und wir haben unser *Echt Schwarzwälder Kirschwasser*. Alle drei Sorten eignen vorzüglich sich für Ansätze mit Früchten und Beeren (auch getrockneten).

Vom Wasser

In vielen Anwendungen darf es nicht fehlen. Besonders wichtig ist Wasser, wenn man zum Ausziehen der Aromen in Fruchtsaft, Früchten oder anderen Zutaten 96%igen Alkohol verwendet hat und auf Trinkstärke rückverdünnen muss, weil sonst der Ansatz ungenießbar wäre.

▶ Meist reicht dafür gewöhnliches Leitungswasser, nur wo besondere Geschmacksneutralität erforderlich ist, empfiehlt sich die Verwendung von destilliertem Wasser.

▶ Zwar kann es bei Leitungswasser gelegentlich zu Trübungen der Flüssigkeit kommen, doch der Geschmack wird davon nicht beeinträchtigt. Auch setzen sich die Trübungen spätestens nach vier Wochen mit den anderen Trübstoffen am Boden des Gefäßes ab.

Die Verwendung von destilliertem Wasser ist nur dort empfehlenswert, wo dem Leitungswasser so viel Chlor zugesetzt ist, dass der Geschmack des Wassers darunter leidet.

Die Geräte

▶ **Haushaltswaage** Unerlässlich zum Wiegen der Früchte und Ingredienzen. Für das Wiegen kleinster Mengen empfiehlt sich zusätzlich die Anschaffung einer *Apothekerwaage*. Die ist zwar nicht ganz billig, doch für das Wiegen selbst gesammelter Kräuter ist sie unerlässlich. Wer Gewürze und Kräuter getrocknet in der Apotheke kauft, kann sie sich allerdings sparen.

▶ **Messbecher** aus Glas oder Emaille. Für größere Mengen empfiehlt sich die Anschaffung eines Messbechers von 1000 bzw. 2000 ml, für kleinere Mengen sind solche von 100 ml und darüber bzw. von 10 bis 100 ml praktischer.

▶ **Glastrichter** mittlerer Größe oder Kaffeefilter und *Filterpapier* zum Filtrieren. Alternativ können Sie auch ein *Haarsieb* (aus Plastik) und ein *Mulltuch* verwenden, mit dem Sie das Sieb auskleiden. Mulltücher oder -windeln und Leinentücher müssen vor und nach Gebrauch ausgekocht werden.
Wichtig: Auf keinen Fall dürfen Messbecher, Trichter und Haarsieb aus Metall sein, weil sonst das zarte Aroma der Schnäpse und Liköre beeinträchtigt wird.

▶ **Dampfentsafter** zum Herstellen von Fruchtsäften (wichtig vor allem bei Fruchtlikören, die auf Säften basieren). Zum Zermusen von Früchten und Beeren brauchen Sie einen *Passierstab* oder ein Handrührgerät mit entsprechendem Aufsatz. Alternativ wird manchmal ein *Stampfer* aus Holz gebraucht.

▶ **Zum Durchseihen** gibt man die zerkleinerten Früchte auf ein gut ausgewaschenes und aufgespanntes Tuch und lässt den Saft abtropfen. Sehr praktisch ist die Methode, das Safttuch an den vier Beinen eines umgedrehten Stuhls zu befestigen und die ablaufende Flüssigkeit in einer Schüssel aufzufangen.

▶ **Gefäße für den Ansatz** Am praktischsten sind große, möglichst dickbauchige, weithalsige *Flaschen*. Passende Korken dafür gibt es in Haushalts- und Bastelgeschäften. Alternativ verwenden Sie große Einmachgläser mit Schraubverschluss und einem Fassungsvermögen von 2 bis 5 Litern. Sicherheitshalber sollten Sie die Gefäße, in denen Liköre und Schnäpse reifen sollen, in einem großen Kochtopf mit heißem Wasser einige Minuten aufkochen und auf diese Art sterilisieren. Glas ist immer vorzuziehen, da es sich am besten säubern lässt und da in einigen Fällen auch Licht an den Ansatz gelangen soll. Sie können aber auch Steinguttöpfe (wie für Rumtopf) verwenden.

▶ **Kleinere Flaschen** oder hübsche *Karaffen* für die Aufbewahrung der fertigen Geister und Liköre. Auch diese Gefäße sollten gut verschließbar sein.

Vom Zucker

Er ist die dritte wichtige Zutat und darf vor allem bei den Likören nicht fehlen. Der Fruchtlikör wird durch ihn weich und mild, und dem Bitter nimmt er die Schärfe. Selbst süße Früchte benötigen zusätzlichen Zucker – nicht nur zur Hebung ihres natürlichen Geschmacks, sondern auch, damit sie durch den Alkohol nicht zu stark schrumpfen und zäh werden. Wenn wir in unseren Rezepten einfach von Zucker sprechen, ist gewöhnlicher Raffinadezucker (Haushaltszucker) gemeint.

Unterschieden werden zwei Arten des Süßens:

▶ Man gibt den Zucker auf einmal mit den anderen Zutaten in das Ansatzgefäß – das ist die einfachste Art.

▶ Man süßt den Ansatz mit einer Zuckerlösung (Zuckersirup), die man selbst herstellt.

Das Kochen von Zuckersirup

Diese Zuckerlösung besteht aus einem Anteil Wasser, in dem der Zucker gelöst und aufgekocht wird. Das Kochen hat die Aufgabe, den Zucker von seinen Unreinheiten zu reinigen und seine Süßkraft »weicher« zu machen. Am besten verwendet man dazu einen Topf mit schwe-

Zucker, Alkohol und Wasser – das unerlässliche Trio der Likörherstellung.

rem Boden und Stielgriff. Man rührt die Mischung bei schwacher Hitze, bis sich der Zucker vollständig aufgelöst hat, und bringt sie dann ohne Rühren zum Kochen. Was an Schaum hochsteigt, wird mit einem Schaumlöffel abgenommen. Das Verhältnis von Zucker und Wasser bestimmt die Dichte des Sirups und wird jeweils im Rezept angegeben.

Färben mit Zucker

Um einen Likör stärker einzufärben, verwendet man die so genannte Zuckerkulör. Dafür gibt man ein paar Esslöffel Zucker in ein Pfännchen und erhitzt ihn unter Rühren, bis er eine kräftig braune Farbe annimmt. Hierauf nimmt man ihn sofort vom Herd und vermischt die braune Masse zu gleichen Teilen mit einer Alkohol-Wasser-Mischung (1:1). Nach einigen Tagen setzen sich die unlöslichen Bestandteile am Boden ab, und man kann die Flüssigkeit filtrieren.

Früchte, Gewürze und Drogen

Sie erhalten die Zusätze für unsere Schnäpse und Liköre auf dem Markt, im Lebensmittelladen oder in der Apotheke. Doch nichts ist schöner, als einen Ansatz aus selbst gesammelten Früchten, Beeren oder Kräutern zu bereiten!

Der Sammler freilich sollte einige Regeln beachten. Da jede Pflanze zu einem bestimmten Zeitpunkt im Jahr und oft auch zu einer bestimmten Tageszeit den größten Gehalt an Wirkstoffen hat, ist der Sammelzeitpunkt sehr wichtig.

Der Reifegrad einer Pflanze wiederum hängt von vielen verschiedenen Faktoren ab: vom Standort der Pflanze, den jahreszeitlichen Wetterverhältnissen (war der Sommer warm oder kalt), auch die Tageszeit und vielleicht sogar der Mondstand sind wichtig. Man sieht also, dass zum Kräutersammeln eine Menge Erfahrung gehört. Doch auch weniger Geübte können, solange sie sich an folgende Ratschläge halten, Heilpflanzen sammeln.

Sammeln

❧ Blüten und Blätter sammelt man nur an warmen, trockenen Tagen in den Vormittagsstunden, wenn die Sonne den Tau der Nacht getrocknet hat.

❧ Samen sammelt man kurz vor der Reife; Früchte, wenn sie reif sind (siehe auch Erntekalender Seite 20). Im Frühjahr sammelt man die Rinde, im Frühjahr und Herbst Wurzeln und Knollen.

❧ Beim Pflücken sollte man darauf achten, die Pflanze nicht zu beschädigen: Die Pflanze behutsam anfassen und die Wurzel nicht verletzen oder herausreißen. Wichtig ist auch, dass man genügend Blüten und Samenstände stehen lässt, damit sich die Pflanze weiter vermehren kann. Auch sollte man nur dort sammeln, wo genügend Pflanzen vorkommen.

❧ Gefährdete Pflanzen oder Pflanzen, die unter Naturschutz stehen, dürfen nicht gesammelt werden. Man erhält die getrockneten Pflanzenteile in sehr guter Qualität in der Apotheke.

❧ Generell sollten nur saubere, gesunde und trockene Pflanzen und Früchte gesammelt werden.

❧ Es dürfen nur Pflanzen gesammelt werden, die man gut kennt und ohne Zweifel bestimmen kann.

❧ Blüten, Blätter und weiche Triebspitzen pflückt man vorsichtig mit den Händen. Für härtere Zweige benötigt man ein Messer oder eine Schere.

❧ Zum Sammeln nimmt man am besten einen mit Haselnuss- oder Weinblättern ausgelegten Korb, in Plastiktüten faulen die Pflanzen zu schnell. Blüten und Blätter schichtet man locker in den Korb, bei zarten Pflanzenteilen darf der Korb nicht zu voll sein.

Trocknen und Aufbewahren

❧ Blätter und Blüten, Wurzeln, Knollen, Beeren, Samen und Früchte werden jeweils anders getrocknet.

❧ Wurzeln und Knollen werden vor dem Trocknen sorgfältig unter fließendem Wasser gebürstet, zerschnitten und im Backofen bei 40 bis 50 ºC getrocknet.

❧ Blätter und Blüten breitet man an einem trockenen, luftigen Ort auf einem

Nicht gesammelt werden sollte in der Nähe einer stark befahrenen Straße, Bahnlinie bzw. von Feldern, angrenzenden Rainen und Wiesen, die gespritzt oder gedüngt worden sind.

Richtig angesetzt kann solch ein Likör oder Schnaps einige Jahre aufbewahrt werden, nur cremigsahnige Liköre wie der Eierlikör halten sich nicht lange.

Leinentuch mit Holzrahmen aus. Auf diese Weise kann die Luft rundherum zirkulieren.

❧ Pflanzen, die man als ganzes Kraut erntet, hängt man an einen luftigen, schattigen Ort (z.B. einen Speicher).

❧ Nicht ausreichend getrocknete Kräuter, Wurzeln und Früchte schimmeln im Verlauf der Lagerung. So erkennen Sie, ob die Pflanzenteile trocken sind: Blätter und Blüten rascheln stark, bei Früchten, Knollen etc. darf an den Bruchstellen kein Saft mehr austreten.

❧ Die getrockneten Pflanzen bewahrt man in dunklen Gläsern oder Dosen auf, die man gut verschließen kann. Gebündelte Kräuter kann man auch in einem Leinensäckchen aufbewahren. An einem trockenen, wohl temperierten Platz halten sich die Pflanzen bis zu einem Jahr.

Die Lagerung der Ansätze

Ist der Likör oder Schnaps einmal angesetzt, beginnt die unerlässliche Reifezeit, in der Sie das Ganze an einem ruhigen Plätzchen sich selbst überlassen müssen. Manche Tropfen, vor allem Ansätze mit frischen Kräutern, können Sie auch schon nach einigen Stunden oder Tagen genießen. Im Rezept ist die Reifezeit angegeben; wie lange Sie die Schnäpse und Liköre aufheben wollen, ist in den meisten Fällen Ihnen überlassen.

Immer aber sollten die Ansätze hoch gelagert werden, weil es dort wärmer ist als am Boden. Die Wärme hilft dem Alkohol, aus den Zutaten das meiste herauszuholen. Deshalb lässt man auch viele Ansätze in der Sonne reifen oder an einem anderen warmen Platz, sofern das unser Klima zulässt.

▶ Auf alle Fälle sollte der Ansatz gut verschlossen sein, z.B. mit einem Korken, Glasdeckel oder Pergamentpapier, weil sich sonst der Alkohol verflüchtigt und die Zutaten verderben. Ganz wichtig ist auch, dass die Zutaten immer gut mit Alkohol bedeckt sind.

Erntekalender

Keine Ernte in den Monaten Januar und Februar

	März	April	Mai	Juni
Alant	Wurzel	Wurzel		
Angelika	Wurzel	Wurzel		
Apfel				
Aprikose				Früchte
Bärlauch		Blätter	Blätter	
Benediktenkraut				Kraut
Birne				
Brombeere	Blätter	Blätter		
Engelsüß				
Erdbeere			Früchte	Früchte
Gänsefingerkraut		Blätter, Blüten	Blätter, Blüten	Blätter, Blüten
Hagebutte			Blüten	Blüten
Heidelbeere				
Himbeere	Blätter	Blätter		
Holunder			Blüten	Blüten
Huflattich	Blüten (u.U. bereits Februar)	Blätter	Blätter	Blätter
Johannisbeere, schwarze		Blätter	Blätter	
Johanniskraut				Blüten
Kamille			Blüten	Blüten
Kerbel				Blätter
Kiefer	Sprossen	Sprossen		
Kirsche, sauer und süß				Früchte
Löwenzahn		Blätter, Blüten, Wurzel	Blätter, Blüten, Wurzel	
Meisterwurz	Wurzel	Wurzel		
Melisse				Blätter
Nadelbäume		Zäpfchen, junge Triebe	Zäpfchen, junge Triebe	
Pfefferminze				Blätter
Pfirsich			Blätter	Blätter, Früchte
Preiselbeere				
Quitte				
Rosmarin	Blüten	Blüten	Blüten, Nadeln	Nadeln
Schafgarbe				Blüte, Kraut
Schlehe	Blüten	Blüten		
Spitzwegerich		Blätter	Blätter	Blätter
Tanne		Knospen	Knospen	
Vogelbeere				
Wacholder				
Walderdbeere		Blätter	Blätter, Früchte	Früchte
Waldmeister			Blüten	Blüten
Walnuss				Blätter
Weißdorn			Blüten und Blätter	Blüten und Blätter
Wermut				Kraut
Ysop				
Zwetschge				

Keine Ernte in den Monaten November und Dezember

	Juli	August	September	Oktober
Alant			Wurzel	Wurzel
Angelika			Wurzel	Wurzel
Apfel		Früchte	Früchte	Früchte
Aprikose	Früchte	Früchte		
Bärlauch				
Benediktenkraut	Kraut	Kraut	Kraut	
Birne		Früchte	Früchte	Früchte
Brombeere		Früchte	Früchte	Früchte
Engelsüß			Wurzel	Wurzel
Erdbeere	Früchte			
Gänsefingerkraut	Blätter, Blüten	Blätter, Blüten		
Hagebutte			Früchte	Früchte
Heidelbeere		Früchte	Früchte	
Himbeere	Früchte	Früchte		
Holunder	Blüten		Früchte	Früchte
Huflattich				
Johannisbeere, schwarze	Früchte	Früchte		
Johanniskraut	Blüten	Blüten		
Kamille				
Kerbel	Blätter	Blätter		
Kiefer				
Kirsche, sauer und süß	Früchte			
Löwenzahn			Wurzel	Wurzel
Meisterwurz			Wurzel	Wurzel
Melisse	Blätter	Blätter		
Nadelbäume				
Pfefferminze		Blätter		
Pfirsich	Früchte	Früchte	Früchte	
Preiselbeere		Früchte	Früchte	Früchte
Quitte			Früchte	Früchte (u.U. bis November)
Rosmarin	Nadeln			
Schafgarbe	Blüten, Kraut	Blüten, Kraut	Knospen, Kraut	
Schlehe			Früchte	Früchte
Spitzwegerich	Blätter			
Tanne				
Vogelbeere				Früchte (u.U. bis November)
Wacholder			Früchte	Früchte
Walderdbeere	Früchte			
Waldmeister				
Walnuss	Früchte		Früchte	Früchte
Weißdorn			Früchte	Früchte
Wermut	Kraut	Kraut	Kraut	
Ysop	Kraut	Kraut		
Zwetschge	Früchte	Früchte	Früchte	Früchte

Kräuter
und Heilpflanzen

Charakter und Art eines Schnapses – seinen »Geist« – bestimmen die Inhaltsstoffe, die im Alkohol gelöst werden. Verschiedene Heilkräuter, die Sie zum Großteil selbst sammeln können, verleihen dem Schnaps jedoch nicht nur einen bestimmten Geschmack, sondern darüber hinaus eine spezifische Wirkung. So kann er je nach verwendeter Heilpflanze kräftigen, beruhigen oder stärken.

Probieren Sie doch einfach einige Rezepte aus, um zu sehen, welche »heilsamen Geister« Sie für Ihre Gesundheit und Ihr Wohlbefinden nutzen können.

Angelika

An Wuchs gleicht die Angelika (Angelica archangelica), auch Engelwurz, Brustwurz und Heiliggeistwurz genannt, den Kerbelsorten, überragt sie jedoch um einiges.

Die Heilwirkung der Angelika

Seit alters her wird das bis zu zwei Meter hohe Doldengewächs wegen seiner Heilwirkung geschätzt. Unterschieden wird zwischen der »Echten Engelwurz« und der kleineren, weniger stark duftenden Waldengelwurz. Da die Angelika nur in sehr feuchten Gebieten gedeiht, in unseren Breiten weniger häufig vorkommt, und zudem das Ausgraben der Wurzel mühsam ist, sollte man auf die getrocknete Droge aus der Apotheke ausweichen.

> **TIPP**
>
> *Im Sommer lassen sich aus einem mit Angelika aromatisierten Fruchtsirup köstliche Erfrischungsgetränke zubereiten; im Winter kann man damit Obstsalate veredeln.*

Im Mittelalter sagte man der Angelika große Heilkräfte nach, so sollte sie sogar in der Lage sein, die Pest einzudämmen. In der Tat haben ihre Inhaltsstoffe, wie heutige chemische Analysen zeigen, eine antiseptische Wirkung.

Der überragende Nutzen dieser Heilpflanze liegt jedoch im Bereich der Magen-Darm-Beschwerden. Auch heute wird die Angelika in der Medizin gebraucht, vor allem zur Förderung der Verdauung. Nicht nur arzneiliche Zubereitungen, sondern auch fast alle teuren Magenliköre enthalten Wurzeldestillat und Samenextrakt aus Angelika. »Stonsdorfer Aromatique«, viele Dictiner oder Reiterliköre sowie manche Wermut- und Aperitifmischungen profitieren von dieser Heilpflanze.

Angelikawein

Zutaten

60 g getrocknete Angelikawurzel (aus der Apotheke)
1 l Weißwein
2 g Anisgewürz

Reifezeit: 3–4 Tage

1 Man schneidet die Angelikawurzel in kleine Stückchen und setzt sie mit dem Weißwein zwei Tage lang an.

2 Dann fügt man das Anisgewürz hinzu.

3 Man lässt den Ansatz jetzt nochmals ein bis zwei Tage ziehen.

4 Abseihen und in eine saubere Flasche umgießen.

TIPP

Der Angelikawein nach unserem Rezept sollte bei Magen- und Darmbeschwerden mehrmals am Tag esslöffelweise eingenommen werden.

Angelika in der Küche

Auch zur Verfeinerung von Speisen wird die Angelika geschätzt. Am besten bekannt ist sie in kandierter Form auf Kuchen und Biskuitgebäck, wofür man am liebsten ihre jungen grünen Stängel verwendet. Wenn Sie das Glück haben, echte Angelika an einem feuchten Bachufer oder Wiesenrand zu finden, so sollten Sie nicht zögern, diese Delikatesse zu probieren.

Auch die übrigen Teile dieser würzigen Pflanze sind zum Verzehr geeignet. Frische Angelikablätter verleihen Rhabarber- oder Orangenmarmelade ein feines Aroma. In Grönland, Schweden, Finnland und auf den Faröern werden Blätter und Stängel als Gemüse gegessen, und aus den jungen Schößlingen wird ein delikater Salat bereitet.

Wie die »Engelwurz« ihren Namen bekam

Warum diese Pflanze in fast allen europäischen Sprachen mit Engeln in Verbindung gebracht wird (engl./ital. »angelica«, franz. »angélique«), vermag niemand zu sagen. In alten Büchern kann man lesen, sie schütze gegen den »bösen Blick«. Andere Quellen glauben, sie habe ihre Heilkraft dem Erzengel Raphael zu verdanken.

Bei Kräuterpfarrer Künzle können wir dazu folgende Geschichte lesen: »Ein Kranker, bleich und hüstelnd, begab sich zu einem frommen Waldbruder, von dem es hieß, er sei begnadet, durch Gebet zu heilen. Der Waldbruder zog sich, wie gewöhnlich, zum Gebete zurück. Hier erschien ihm der Erzengel Raphael, der bekanntlich der Engel der Gesundung ist, und zeigte ihm eine Pflanze, die im nahen Wassergraben üppig wuchs. Durch die Kraft dieser Pflanze werde der Kranke seine Gesundheit wieder erlangen. Der Waldbruder nahm die Pflanze, gab sie dem Kranken und unterwies ihn, wie er daraus einen heilkräftigen Trank zu bereiten habe. Und da der Kranke die Weisung getreu erfüllte und gesund wurde, gab der Waldbruder der Pflanze den Namen Engelwurz.«

Anis

Anis (Pimpinella anisum) *stammt aus der Levante und wurde bereits im alten Ägypten, Griechenland und Rom benutzt. Schon damals war die Pflanze aus der Familie der Doldenblütler als Heil- und Würzmittel hoch geschätzt.*

Die Heilwirkung des Anis

Sappho würzte feine Saucen und Suppen damit, und der griechische Arzt Dioskurides empfahl Anis als Medizin, »die reizet die Begierde des Mannes und fördert die Milchabsonderung der Mutter«.

Im Mittelalter war der Anis als erwärmendes und verdauungsstärkendes Mittel sehr gefragt. So schrieb Matthiolus im Jahr 1626: »... in summa/er öffnet/värmet /und stärcket alle innerliche Glieder«.

TIPP

Der wohlschmeckende Anislikör, nach den Mahlzeiten genommen, ist eine Wohltat für die Verdauung und beseitigt das unangenehme Völlegefühl nach allzu reichlichem Essen.

Anislikör

Zutaten

40 g frisch zerstoßene Anissamen
1 g Zimt
500 g Zucker
1 l klaren Schnaps (38%)

Reifezeit: 6 Wochen

1 Man schüttet Anis, Zimt und Zucker zu dem Alkohol in ein Gefäß und lässt das Ganze ungefähr sechs Wochen lang ziehen.

2 Dann gießt man den Ansatz durch einen Filter in eine saubere Flasche ab.

3 Der fertige Anislikör sollte kühl und trocken aufbewahrt werden.

Bekannte Anisgetränke

Anis spielt eine große Rolle in der Alkoholindustrie und findet bei der Herstellung verschiedener Liköre und Aperitifs Verwendung.

Anisgetränke sind außerordentlich beliebt in Frankreich und Spanien, wo man sowohl den Anis-Likör als auch den reinen Anis-Aperitif, der mit Anissamen gewürzt wird, kennt. Weniger populär sind sie in Italien, in Griechenland hingegen wird der »Ouzo« gerne und viel getrunken, und im Nahen Osten ist der »Arrak« sehr verbreitet. Von all diesen Getränken kennen wir den französischen »Pernod«, den Nachfolger des Absinth, am besten.

Anis-Liköre sind fast farblos und hochprozentig wie Schnäpse. Mischt man sie mit Wasser, erhalten sie ihre charakteristische milchig weiße Färbung.

Arnika

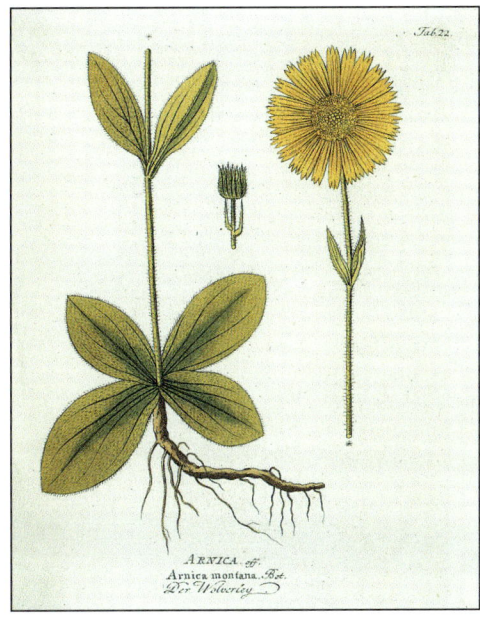

ARNICA off.
Arnica montana Bot.
Der Wohlverleih

Arnika (Arnica montana) *wächst auf sonnigen Wiesen im Hochgebirge. Zwar haben Arnika-Tinktur und Arnika-Spiritus in vielen Hausapotheken, besonders in Süddeutschland, ihren festen Platz, doch als Heilmittel ist die Arnika noch sehr jung. Erst seit dem 18. Jahrhundert fand die wohlriechende Blume mit dem schönen volkstümlichen Namen Bergwohlverleih Verbreitung.*

Legenden um die Arnika

In alten Tagen galt sie auch als Zauberpflanze, so hatten die am Johannistag gesammelten Blüten den Ruf, besonders heilkräftig zu sein. An diesem Tag steckte man auch Arnikabüschel an die Ecken der Felder, um den »Korndämon« zu vertreiben, der besonders an Johanni sein Unwesen trieb. Und bei Gewitter zündete man getrocknete Arnika an und sagte dazu: »Steckt Arnika an, steckt Arnika an, dass sich das Wetter scheiden kann.«

Die Heilwirkung der Arnika

Die Arnika ist eine Universalmedizin. Verwendet werden die fachmännisch getrockneten sonnengelben Blüten der

Bergpflanze für Aufgüsse, in Salben und Tinkturen. Äußerlich angewendet sind sie ein probates Mittel bei Quetschungen aller Art, Hautabschürfungen und Blutergüssen, denn sie wirken schmerzstillend, aufsaugend, entzündungshemmend und beugen blauen Flecken vor.

Das homöopathische Mittel »Arnica« hilft nicht nur in den oben beschriebenen Fällen, sondern auch bei Erschöpfungszuständen, Menstruationsbeschwerden, Herzschwäche, Asthma und Gicht. Goethe, der im Alter an Herzschmerzen litt, trank sogar noch regelmäßig Arnikatee, wovon heute abgeraten wird. Dagegen gibt es eine Menge Leute, die auf Arnikageist förmlich »schwören«.

Arnikageist

Zutaten

Ca. 30 Arnikablüten (aus der Apotheke, denn die Blüten sind geschützt)
Je nach gewünschter Verwendung nimmt man Obstschnaps oder Klaren (für innerliche Anwendung) oder Franzbranntwein (für äußerliche Anwendung)

Reifezeit: 3 Wochen

1 Man nimmt die Blüten und legt sie in den Alkohol.

2 Alle Blüten müssen vollständig vom Alkohol bedeckt sein.

3 Das Gefäß wird drei Wochen an einen warmen Platz, möglichst in die Sonne gestellt.

4 Schließlich gießt man den Ansatz durch einen Filter in eine saubere Flasche ab.

Bärlauch

Bärlauch (Allium ursinum) ist ein Lanzengewächs mit hübschen weißen Blüten. Schon in der Umgebung dieser Pflanze riecht es intensiv nach Knoblauch. Dieser Geruch verstärkt sich, wenn man die Blätter zwischen den Fingern reibt. Die volkstümlichen Namen Hexenzwiebel und Waldknoblauch weisen darauf hin.

Das vielseitige Heilkraut

Es gibt jedoch eine Menge Leute, die dem Bärlauch eine noch größere Heilwirkung zuschreiben als dem Knoblauch. Das vielseitige Heilkraut hilft gegen Durchfälle, Koliken, Herzstörungen, aber z.B. auch bei Schlaflosigkeit. Besonders wirksam soll sein Beitrag zur Erhaltung der Gefäße

TIPP

Bärlauch kann man nur frisch verwenden, getrocknet verliert er an Heilkraft und Aroma.

und Fließkraft des Blutes sein, und damit zur Verhinderung einer Arteriosklerose. Größten Nutzen findet er als Mittel gegen Magen-Darm-Beschwerden und Appetitlosigkeit.

Die Heilkräfte des Bärlauch waren schon den Kelten und Germanen, die ihn in ihren Lauchgärten kultivierten, bekannt, auch die Römer schätzten ihn als magen- und blutreinigendes Mittel. In der Volksmedizin wird der frische Bärlauch gerne zur blutreinigenden Frühjahrskur verwendet. Da der frische Bärlauch nur im Frühjahr zur Verfügung steht, ist die Herstellung eines eigenen Bärlauch-Elixiers oder Bärlauchweines das probate Mittel, um seine Heilkraft das ganze Jahr nutzen zu können.

Bärlauch in der Volksmedizin

Als Blutreinigungsmittel, das sich vor allem bei chronisch unreiner Haut bewährt, preist schon der Schweizer Naturarzt und Kräuterpfarrer Künzle den Bärlauch: »(Er) reinigt den ganzen Leib, treibt kranke, verstockte Stoffe aus, macht gesundes Blut, vertreibt und tötet giftige Stoffe. Ewig kränkelnde Leute, solche mit Flechten und Aißen, Mehlgesichter, Skrofulöse und Rheumatische sollten den Bärlauch verehren wie Gold. Kein Kraut der Erde ist so wirksam zur Reinigung von Magen, Gedärmen und Blut. Die jungen Leute würden aufblühen wie Rosenspaliere und aufgehen wie Tannenzapfen an der Sonne!

Auch die Metzger könnten sich einen Namen machen, wenn sie ihren Wurstwaren Bärlauch beimischen würden.«

Bärlauch-Elixier

Zutaten

2 Hand voll frisch gepflückte Bärlauchblätter, im April und Mai gepflückt

1 l reinen Alkohol

1/2 l Wasser

Reifezeit: 3–4 Wochen

1 Man gibt die zerkleinerten Blätter in ein weithalsiges Gefäß oder eine Flasche.

2 Die Blätter mit dem Alkohol und Wasser übergießen.

3 Dieses Gemisch drei bis vier Wochen stehen lassen.

4 Durch einen Filter vorsichtig in eine saubere Flasche füllen.

TIPP

Bärlauch klein gehackt zu Tomaten, Käse oder Quark ist ein würziger Vitaminspender: Er enthält sehr viel Vitamin C. Aber Vorsicht! Gehen Sie beim Sammeln sicher, dass Sie kein Maiglöckchen vor sich haben – die Pflanzen sind sehr ähnlich. Doch die Blätter des Maiglöckchens sind giftig.

Bärlauch in der Küche

Maria Treben empfiehlt Bärlauch klein geschnitten als Zugabe auf dem Butterbrot, fein gehackt als Würze in der Suppe, auf Kartoffeln, in Knödeln oder anderen Speisen, die man sonst mit Petersilie würzt. Auch als Salat kann man die Blätter verwenden, dann allerdings vermischt mit Brennnesselblättern, um den beißenden Geschmack zu mildern.

Bärlauchwein

Zutaten

Eine Hand voll Bärlauchblätter

1/4 l Weißwein

250 g Zucker

1/4 l Wasser

Kann sofort verzehrt werden

1 In einem Stieltopf für einen Sirup 250 g Zucker mit 1/4 Liter Wasser dick aufkochen (siehe auch Seite 18).

2 Die frischen Bärlauchblätter putzen und klein schneiden.

3 Die Blätter kurz in einem Topf mit dem Weißwein aufkochen.

4 Nach Geschmack mit dem Sirup oder, wenn es schneller gehen soll, mit Honig süßen.

5 Nach dem Erkalten in eine saubere Flasche abfüllen und kühl und dunkel lagern.

Diesen Wein kann man gegen allerlei Wehwehchen tagsüber mehrmals schluckweise trinken. Er hilft gegen Durchfall, Koliken, Herzstörungen, aber auch bei Arterienverkalkungen.

Enzian

Arzneilich genutzt wird vor allem der gelbe Enzian (Gentiana lutea), *eine Alpen- bzw. Gebirgspflanze, deren Blütenstände bis zu 40 Zentimeter hoch werden. Verwendet werden nur die Wurzeln. Die Pflanze ist streng geschützt.*

Eine schwer zugängliche Pflanze

Die heilkräftige Wurzel ist nicht leicht zu beschaffen. Gab es früher spezielle »Wurzelgraber«, die die bis zu sechs Kilogramm schweren Wurzeln des Enzian ausgruben, beziehen die Brennereien heutzutage die Wurzeln aus Frankreich, wo der Brennenzian auf Feldern angebaut wird.

Die Heilwirkung des Enzians

Schon in der Antike hat man die Wirkung des gelben Enzian zu schätzen gewusst und ihn gegen Fieber, Blutspucken, Würmer, ja sogar gegen die Pest gegeben.
Die Enzianwurzel wurde auch gekocht und in gewässertem Wein gegen Bleichsucht, also Blutarmut, verabreicht. Äußerlich diente der Enzian zur Wundbehandlung und sogar als Pessar.
Über alle Maßen loben mittelalterliche Kräuterbuchautoren den Enzian. Fuchs schreibt: »... In Summa/Entzian wurzel und der safft davon/zerteilen/reinigen/seuber vnd nehmen hinweg allerlei verstopfung ...«
Heute noch ist der Gelbe Enzian wegen seiner magenfreundlichen Wirkung gefragt, sowohl zur Appetitanregung als auch bei Völlegefühl.

Enzian als »heilsamer Geist«

Das Enzianwasser, das sich im Alpenraum großer Beliebtheit erfreut, war bereits bekannt, als um 1600 versucht wurde, alle möglichen gebrannten Wasser Heilzwecken zuzuführen. Ein Enziangeist wie im folgenden Rezept gilt als sehr wirksames Mittel gegen Magenbeschwerden, Durchfall und schlechte Verdauung.

TIPP

Im Gegensatz zu den meisten anderen Ansätzen brauchen Sie den Enziangeist nicht extra zu filtern; es reicht, ihn portionsweise durch ein kleines Plastiksieb abzugießen.

Enziangeist

Zutaten
Einige Enzianwurzeln (Apotheke)
Weingeist (um die Wurzeln zu bedecken)

Kann sofort verzehrt werden

1 Die Enzianwurzeln in der Apotheke frisch zerstoßen lassen oder in einem Mörser selbst zerstoßen.

2 In einem sauberen Gefäß mit so viel Weingeist auffüllen, dass die Wurzeln gerade bedeckt sind; verschließen.

3 Der Enziangeist kann so beliebig lange aufbewahrt werden. Nach Bedarf werden kleine Portionen durch einen Filter in ein Schnapsglas, größere Mengen in eine Karaffe abgegossen.

Estragon

Estragon (Artemisia dracunculus) *ist eines der bedeutendsten Küchenkräuter und wird besonders in der klassischen französischen Küche sehr geschätzt. Die mehrjährige Pflanze ist botanisch verwandt mit Wermut und Beifuß und wird bis zu einem Meter hoch. Estragon lässt sich gut im Garten ziehen. Das Kraut bevorzugt gut durchgearbeiteten, nährstoffreichen Boden und Sonne oder Halbschatten. Da seine Wurzeln waagerechte Ausläufer bilden, sollte man der Pflanze genügend Platz einräumen. Vor dem Winter schneidet man die Pflanze zurück und deckt sie gegen den Frost mit Laub ab. Estragon lässt sich auch in großen Kübeln auf dem Balkon ziehen.*

Die Heilwirkung des Estragons

Estragon wirkt appetitanregend und magenstärkend. Angeblich hilft er auch Verzagten und Erschöpften dabei, neuen Lebensmut zu fassen. Als Teeaufguss (ein gehäufter Esslöffel frisches Kraut auf $1/_2$ Liter kochendes Wasser) wirkt er entstauend, entwässernd und gallenanregend. Er soll aber auch Menstruationsbeschwerden lindern – als Tee oder reichlich als Speisewürze genossen.

Estragonlikör

Zutaten

1 großer Estragonzweig
3 Salbeiblätter
1 l Korn
70 g weißer Kandiszucker

Reifezeit: 4 Wochen

1 Estragonzweig und Salbeiblätter in ein weithalsiges Gefäß oder eine Flasche geben und mit dem Alkohol übergießen.

2 Dieses Gemisch zwei Tage an einem warmen Platz stehen lassen.

3 Durch einen Filter vorsichtig in eine saubere Flasche füllen und mit dem Kandiszucker süßen.

4 Nachdem sich der Zucker aufgelöst hat, die Flüssigkeit noch einmal gut durchschütteln und drei bis vier Wochen dunkel lagern.

Estragon in der Küche

Estragon hat ein bittersüßes, ein wenig pfeffriges, sehr delikates Aroma. Estragon verfeinert zahlreiche Ei- und Geflügelgerichte, man verwendet ihn zum Würzen von Salaten und Sahnesuppen. Auch mit der Seezunge harmoniert er. Sehr bekannt ist der Estragon auch als Würze des Estragonessigs. Diese berühmte Zutat der Sauce béarnaise lässt sich leicht zubereiten. Man gibt das Kraut, das man vor der Blüte gepflückt hat, in eine weithalsige Flasche und übergießt es mit Weißweinessig. Nach einigen Wochen Reifezeit erhält man einen köstlichen Essig, der nach Belieben mit frischem Essig gestreckt werden kann.

Gänsefingerkraut

Wir finden das Gänsefingerkraut
(Potentilla anserina) *mit den gefiederten
Blättern und den leuchtend gelben
Blütchen an Wegen, Gräben und auf
Wiesen. Es wächst nahezu auf der
ganzen Welt und ist relativ anspruchslos,
bevorzugt aber feuchte Böden.*

Die Heilwirkung des Gänsefingerkrauts

Im Volksmund heißt das Gänsefingerkraut nach seiner Wirkungsweise auch
Krampfkraut, weil es bei Krämpfen aller
Art hilft. Auch bei typischen Frauen-
leiden wie Menstruations- und Wechsel-
jahrebeschwerden findet es Verwendung.
Das Fingerkraut stillt Blutungen und ist
daher auch zur Wundbehandlung und bei
entzündetem Zahnfleisch zu empfehlen.
Bei entsprechenden Beschwerden die ge-
reinigte Wurzel, die ebenso wie die Blüte
den ganzen Sommer über geerntet werden
kann, langsam zerkauen.
Darüber hinaus verwendet man Gänsefingerkraut als Hausmittel zur Behandlung von Magen-Darm- und Lungen-
erkrankungen und überall da, wo eine
generell entkrampfende Wirkung erzielt
werden soll.

Pfarrer Kneipp empfiehlt bei Krampf-
anfällen im Magen oder Unterleib eine
Abkochung der Blätter und Wurzeln in
Milch. Auch eine Mischung aus Gänse-
fingerkrautblättern mit gestoßenem Fenchel, die man zehn Minuten in Milch
kocht, soll helfen.

Fingermost

Zutaten

40 g Blätter vom Gänsefingerkraut

20 g Wurzeln derselben Pflanze

1 l Apfelmost

Reifezeit: 3 Wochen

1 Die Gänsefingerkraut-Blättchen
und die Wurzeln sorgfältig reinigen.

2 In einem Gefäß mit dem Apfelmost aufgießen.

3 Das Gemisch an einem dunklen,
kühlen Ort drei Wochen ruhen
lassen.

4 Den Most durch einen Filter in
eine saubere Flasche abgießen.

TIPP

*Vom Fingermost trinkt
man zur Entlastung
von Magen und Darm
und bei Neigung zu
Krämpfen je ein klei-
nes Gläschen morgens
auf nüchternen Ma-
gen und vor dem Mit-
tagessen.*

Huflattich

Wenn ringsum noch alles kahl ist, sprießen im Vorfrühling bereits die gelben Sterne des Huflattich (Tussilago farfara), auch Brustlattig, Berglatschen, Rosshuf und Lehmblüml genannt. Die Heilpflanze wächst reichlich in Steinbrüchen, an Bahndämmen, an Weg- und Grabenrainen auf Wiesen und an Bächen.
Erst einige Zeit nach den wohlriechenden kleinen Blüten bilden sich die dunkelgrünen, stark behaarten Blätter aus.

Die Heilwirkung des Huflattichs

In seinen Blüten und Blättern ist viel Schleim enthalten, außerdem Gerbstoff, Bitterstoffe und ätherisches Öl, die sehr gut gegen Bronchitis, Kehlkopf- und Rachenkatarrh helfen.
Der Huflattich ist daher ein klassisches Hustenmittel. Er ist bis heute in vielen Hustenteemischungen enthalten; früher war auch das Inhalieren und Rauchen von Huflattich weit verbreitet.
Doch auch zur äußerlichen Anwendung wird der Huflattich gerne verabreicht. Pfarrer Kneipp empfiehlt die Blätter als Umschlag bei offenen Beinen und Geschwüren, auch gegen Kopfschmerzen sollen sie helfen.

TIPP

Auf keinen Fall darf man Huflattichmischungen über längere Zeiträume einnehmen. Für Allergiker oder Kinder können sie sogar schädlich sein. Fragen Sie vor der Anwendung Ihren Arzt!

Huflattichschnaps

Zutaten

Ca. 20 Huflattichblüten, im zeitigen Frühjahr gepflückt

1/2 l reiner Alkohol

250 g Zucker

Reifezeit: einige Wochen

1 Man wäscht die Huflattichblüten, tropft sie ab und legt sie in ein weithalsiges Gefäß. Mit dem Alkohol übergießen.

2 Den Ansatz einige Wochen lang stehen lassen – lieber länger als kürzer.

3 Dann kocht man aus dem Zucker und der entsprechenden Wassermenge – je nach gewünschtem alkoholischen Gehalt – einen Sirup (Seite 18).

4 Den Blütensud abseihen und gut mit dem Sirup vermengen. In eine saubere Flasche ziehen. Schmeckt nicht umwerfend, ist aber sehr wirkungsvoll!

Aus der Kräuterküche der Maria Treben

Gegen Grippe empfiehlt Maria Treben einen Huflattichsirup. Ihre eher unkonventionelle Zubereitungsart sieht vor, dass ein »irdener Topf oder Gurkenglas« abwechselnd mit Huflattichblättern und Rohzucker bis zum Rand gefüllt wird. Das gut verschlossene Gefäß wird dann für zwei Monate im Garten vergraben, der Inhalt anschließend zweimal aufgekocht und der Sirup in Flaschen umgefüllt.

Johanniskraut

Die Heilwirkung des Johanniskrauts

Auch heute findet das Johanniskraut häufig Verwendung und gilt als Stimmungsaufheller und als ideales Frauenmittel in den Wechseljahren.

Geschätzt wird vor allem seine nervenberuhigende Wirkung, weswegen es bei Nervenleiden und -schwäche, Depressionen und Schlaflosigkeit in Form von Kapseln und Dragees oder auch als Tee verabreicht wird.

Seit alters her zählt das Kraut mit den goldgelben Blüten zu den beliebtesten und bekanntesten Heilpflanzen. Ob Tabernaemontanus, Galenus, Plinius, Dioskurides oder später Konrad von Megenberg, Paracelsus oder Pfarrer Kneipp – alle wussten ein Loblied auf das Johanniskraut (Hypericum perforatum) anzustimmen.

Legendenumranktes Johanniskraut

Auch in der Mythologie und im Brauchtum ist es hoch angesehen. Nach einer Legende soll der blutrote Blütensaft des Krautes in Verbindung mit der Kreuzigung Jesus Christus stehen.

Ihren Namen bekam die heilkräftige Pflanze, weil sie um das Fest Johannes des Täufers (24. Juni) herum blüht. Früher flochten Mädchen Kränze aus dem Kraut, und wer um das Johannisfeuer tanzte, musste solch einen Kranz, die Johanniskrone, tragen. Auch wurden Zweige davon ins Wasser gestreut, und die jungen Mädchen sahen am Aufblühen der verwelkten Blüten, ob sie im nächsten Jahr einen Freier finden würden. All das zeigt, wie sehr die Pflanze geschätzt wurde.

TEEREZEPT

Man übergießt ein bis zwei Teelöffel der Blüten und Blätter mit einer Tasse kochendem Wasser und seiht nach zehn Minuten ab. Morgens und abends je eine Tasse trinken. Als Kur über mehrere Monate beibehalten.

Johanniskraut-schnaps

Zutaten

Das ganze blühende Kraut

(ohne die Wurzeln)

Alkohol (um die Blüten zu bedecken)

Reifezeit: 4 Tage

1 Man trocknet die ganze Johanniskrautpflanze bis zu drei Tage an einem trockenen, schattigen Platz.

2 Dann pflückt man die Blütenköpfe ab und gibt sie in ein Weckglas.

3 Mit Alkohol so aufgießen, dass sie gerade bedeckt sind.

4 Diese Flüssigkeit lässt man drei bis vier Tage stehen, ehe man sie durch einen Filter in eine Vorratsflasche gießt. Nun hat sie eine rubinrote Farbe, und der Schnaps ist trinkfertig, wird aber durch längere Lagerung immer noch besser.

Man verdünnt den Schnaps – so ungewöhnlich das auch klingen mag – mit Klarem!

Kalmus

In Europa kennt man den Kalmus (Acorus calamus), *der an Teich- und Seeufern, Bächen und Gräben wächst, seit dem 16. Jahrhundert. In jenen Tagen bekam der Arzt und Botaniker Matthiolus, Leibarzt Kaiser Ferdinands I., vom deutschen Gesandten in Konstantinopel, Ghislenius Busbequius, eine Kalmuspflanze, die der Diplomat an einem großen See bei Nicomedia in Bithynien gefunden hatte.*

Die Heilwirkung des Kalmus

Bei den südasiatischen Völkern, in der altindischen Medizin und im Vorderen Orient hingegen ist Kalmus schon seit Jahrtausenden bekannt. Seiner Heilkraft wegen nannte man ihn im alten Ägypten auch »heiliges Rohr«. Auch in der Bibel ist die Verwendung der wild wachsenden Sumpfpflanze überliefert.

Der Kalmus gilt traditionell als magenstärkendes, verdauungsregelndes Mittel, dem wegen der ebenfalls bewirkten vermehrten Wasserausscheidung auch bei Erkrankungen der Nieren und Blase Bedeutung zukommt.

Äußerlich angewendet, dient Kalmus als wirksame Einreibung bei schmerzenden Knochenleiden und in der Wundpflege.

TIPP

Da es nicht ganz einfach ist, den kräftigen Wurzelstock auszugraben, zu zerschneiden, zu säubern und dann zu trocknen, empfiehlt sich der Kauf fertiger Kalmuswurzel, die aus speziellen Kulturen stammt und dort im Frühherbst geerntet wird.

Kalmusschnaps

Zutaten

150 g fein geschnittene Kalmuswurzel (aus der Apotheke)

1 l Weinbrand oder Obstschnaps

Reifezeit: 6 Wochen

1 Man setzt die Kalmuswurzel in dem Alkohol an und lässt das Gefäß verschlossen genau sechs Wochen an einem sonnigen, warmen Platz stehen, wobei man den Inhalt täglich einmal aufschüttelt.

2 Dann seiht man den Schnaps in eine Flasche ab. Vor dem Essen löffelweise einnehmen. Nicht zuckern!

Bettlägerigen Patienten kann man mit unserem Kalmusschnaps auch den Rücken einreiben, wodurch ein Wundliegen verhindert wird und zudem ein angenehmes Gefühl der Kräftigung eintritt.

Kalmus in der Küche und der Likörindustrie

Wegen ihrer Heilkraft und ihres Duftes wird die Kalmuswurzel auch in der Likörindustrie sehr geschätzt und findet dort hauptsächlich im »Chartreuse«, aber auch in vielen anderen Kräuter- und Bitterlikören vom »Rachenputzer« bis zum »Cordial Médoc« Verwendung.

Doch nicht nur die Wurzel, auch die anderen Teile der Pflanze sind würzig und aromatisch. Die ganz jungen Blattknospen können sogar als Salate gegessen werden; ältere Teile sind meist zäh. Früher wurde die Wurzel kandiert und als scharfe Zutat zu Süßspeisen verwendet.

Kamille

Die Kamille (Matricaria chamomilla) ist eine recht anspruchsvolle Pflanze. Sie braucht humusreichen Boden und viel Sonne. Der einjährige Korbblütler wird bis zu einem halben Meter hoch und wächst auf Wiesen, Feldern und an Wegrändern. Von Mai bis Juni trägt die Kamille goldgelbe Röhrenblüten, die von weißen Zungenblüten umgeben sind.

Die Heilwirkung der Kamille

Die Kamille zählt zu den ältesten und volkstümlichsten Heilkräutern und wird auch heute noch gern verwendet. Sie wird bereits in der Antike von Dioskurides und Plinius erwähnt. Der deutsche Botaniker Hieronymus Bock (1498–1554) berichtet: »Die chamill ist der doktor rezipe eins; es ist bei allen menschen kein bräuchlicher kraut in der artznei als eben chamillenblumen.« Die Kamille hilft bei Hauterkrankungen (Furunkeln, Abszessen, Ekzemen, Geschwülsten), bei Ruhelosigkeit und Schlaflosigkeit, bei Magen- und Darmerkrankungen, bei Durchfall und Blähungen sowie bei Erkältungen und anderen Entzündungsprozessen. Sie wird sowohl innerlich als auch äußerlich angewendet. Neben Tees, Bädern, Umschlägen und Spülungen werden Salben

---

TIPP

Zur Herstellung von Tees, Tinkturen, Salben und anderem werden nur die getrockneten Blüten verwendet. Sie sollten in keiner Hausapotheke fehlen!

---

zur Wundheilung und medizinische Seifen verwendet. Kamillengeist und -tee helfen vor allem bei Störungen des Magen-Darm-Trakts. Der wichtigste Wirkstoff der Kamille ist das ätherische Öl, das sich vorwiegend in den Blüten findet. Sie geben der Pflanze den typischen aromatischen Kamillenduft.

Kamillengeist

Zutaten

2 Hand voll getrocknete Kamillenblüten
Dünn abgeschälte Schale einer unbehandelten Zitrone
1 l reiner Alkohol
1/2 l Wasser

Reifezeit: 4–5 Monate

1 Getrocknete Kamillenblüten und Zitronenschale in eine Flasche geben und mit Alkohol und Wasser bedecken.

2 Sechs Wochen an einem hellen, sonnigen Ort stehen lassen. Dabei hin und wieder gut durchschütteln.

3 Anschließend den Ansatz filtern und die Flüssigkeit in eine saubere Flasche füllen.

4 An einem ruhigen Ort noch drei Monate ruhen lassen.

Teerezept

Für den Tee ein bis zwei gehäufte Teelöffel getrocknete Kamillenblüten mit einem Viertelliter kochendem Wasser überbrühen und zehn Minuten ziehen lassen. Den Tee warm, aber nicht heiß trinken.

Kerbel

Vorherrschend ist der Kerbel (Anthriscus cerefolium) vor allem in der französischen Küche. In Deutschland verwendet man das Würzkraut hauptsächlich für die berühmte Kerbelsuppe und einige Salate.

Unvergleichlicher Geschmack

Kerbel schmeckt ein wenig wie die Petersilie, aber delikater und mit einem Beigeschmack von Anis und Lakritze. Am besten ist er roh und ganz frisch, denn die älteren Blätter haben kaum noch Würzkraft. Beim Garen verliert Kerbel sein Aroma.

Über den Wohlgeschmack des Kerbel wusste schon Tabernaemontanus, der berühmte Kräuterwissenschaftler des 16. Jahrhunderts zu berichten: »Körbelkraut in der Speiß oder sonst auf andere Manier gebrauchet, wie man immer will, ist dem Magen und Haubt gesund, von wegen seines lieblichen Geruchs und Geschmacks, es reinigt das Geblüt und machet lustig zu essen.«

Die Heilwirkung des Kerbels

In der Volksmedizin gilt das zarte Kraut mit den kleinen weißen Blüten, die in schirmförmigen Dolden angeordnet sind,

> **TIPP**
>
> *Um immer frischen Vorrat zu haben, empfiehlt es sich, das Kraut im Garten oder im Balkonkasten zu ziehen. Am besten sät man vom Frühjahr bis zum Spätsommer alle zwei Wochen aus, damit die hübsch gefiederten Blätter laufend frisch geerntet werden können.*

als schweiß- und harntreibend. Auch schreibt man ihm eine anregende Wirkung zu. Sehr beliebt ist der Kerbel in Frühjahrskuren, wobei hier der frisch gepresste Saft besonders häufig Verwendung findet. Der lang haltbare Kerbelschnaps bietet eine gute Alternative.

Kerbelschnaps

Zutaten

Eine Hand voll frischer Kerbelblätter, am besten in den Sommermonaten gepflückt

1 l Schnaps

Reifezeit: einige Wochen

1 Die frischen Kerbelblätter sorgfältig säubern und mit dem Messer auf einem Brettchen zerkleinern.

2 Den Kerbel in eine weithalsige Flasche füllen und mit dem Schnaps übergießen, bis er gut bedeckt ist.

3 Die Flüssigkeit nach beliebig langer Wartezeit durch ein Tuch in ein Gefäß laufen lassen.

4 Aus diesem Gefäß die Flüssigkeit über einen Trichter weiter in Flaschen abfüllen.

5 Intensiv genug angesetzt wird der leuchtend grüne Schnaps zu einer Essenz, die man beliebig weiter verdünnen kann.

6 Je länger man den Kerbelschnaps aufbewahrt, desto besser wird sein Aroma!

Kümmel

Obgleich diese Heilpflanze in ganz Europa, in West- und Mittelasien wild wächst, stammt doch fast aller Kümmel (Carum carvi), der als Droge arzneilich oder in der Küche als Gewürz verwendet wird, aus Kulturen.

Die Heilwirkung des Kümmels

Kümmel ist außerordentlich magenfreundlich und das klassische Mittel bei Blähungen. Daher spielt er auch in der Zubereitung aller Verdauungsschnäpse und -liköre eine große Rolle, so für berühmte Sorten wie »Allasch«, »Eiskümmel«, »Berliner Kümmel« und für den unverwechselbaren »Aquavit«, der aus Korn oder Kartoffeln destilliert und mit Kümmelsamen gewürzt wird.

> ### TIPP
>
> *Kümmelsamen für den Gebrauch in der Küche immer leicht zerstoßen oder zermahlen, damit der Geschmack nicht zu aufdringlich wird.*

Seit alters her findet Kümmeltee bei Verdauungsstörungen und zur Verbesserung des Gallenflusses Verwendung. Stillenden Müttern wird Kümmelverzehr empfohlen, da er die Milchsekretion anregt.

Teerezept

Für den Tee werden ein bis zwei Teelöffel Kümmelsamen im Mörser leicht zerstoßen oder auf einem Brettchen gehackt und mit einer Tasse kochendem Wasser übergossen. Das Ganze lässt man 15 Minuten zugedeckt stehen und seiht dann durch ein Teesieb ab.

Zwischen den Mahlzeiten täglich zwei bis vier Tassen des frisch zubereiteten Tees trinken. Bei Blähungen und Magenschmerzen ist er besonders zu empfehlen.

Kümmellikör

Zutaten

80 g Kümmelsamen, leicht zerstoßen
oder gehackt

250 g weißer Kandiszucker

1 l Obstler

Reifezeit: ca. 3 Wochen

1 Die Kümmelsamen und den Kandiszucker in einem Glasgefäß mischen und mit dem Obstler aufgießen.

2 Das Gefäß zwei bis drei Wochen an einen warmen Ort – möglichst an die Sonne – stellen.

3 Wenn sich der Zucker vollständig aufgelöst hat, den Ansatz durch einen Filter in eine Schüssel abgießen.

4 Auf Flaschen ziehen und diese vor dem ersten Kosten noch etwas ruhen lassen.

Kümmel in der Küche

Kümmelsamen war schon in römischen Zeiten gebräuchlich und wird noch heute in den meisten europäischen Küchen geschätzt. In Deutschland und Österreich ist der Kümmel besonders beliebt: Man würzt mit ihm Gebäck und Brot, Käse und Sauerkraut, Kohlgerichte und Salate sowie Fleischgerichte wie Schweinebraten und Gulasch.

Doch nicht nur der Kümmelsamen findet seinen Weg in unsere Küchen. Mancherorts verwendet man die jungen Blätter des Feldkümmels als Salat- oder Suppenzutat, während die Kümmelwurzeln Frühlingssuppen eine besondere Note verleihen.

> **TIPP**
>
> *Beide Heilschnäpse nur in kleinen Mengen genießen, da sie bereits dann ihre beruhigende und krampflösende Wirkung entfalten.*

Vor einem ständigen oder übermäßigen Verzehr von Kümmel wird allerdings gewarnt: Das enthaltene scharfe ätherische Öl reizt die Leber und kann sogar zu Leberschäden führen.

Kümmeltrank

Zutaten

50 g Kümmelsamen

150 g Zucker

1 l Weingeist

Reifezeit: 10 Tage

1 Die Kümmelsamen leicht zerstoßen.

2 Den Kümmel und den Zucker in eine große Flasche füllen und mit dem Weingeist aufgießen.

3 Die Flasche gut verschließen und zehn Tage lang ruhen lassen.

4 Danach den Ansatz durch einen Filter oder ein Haarsieb in ein Gefäß umgießen und in eine saubere Flasche abfüllen.

In kleinen Mengen nach einem üppigen Essen genießen.

Magenbitter

40

Auf dem ganzen weiten Feld der Liköre stellen die Bitterliköre beziehungsweise Magenbitter die größte und vielfältigste Gruppe dar. Oft stecken bis zu zwanzig und mehr Wurzeln, Kräuter, Samen und Blätter in einem Bitter – entsprechend unterschiedlich fallen die Geschmacksrichtungen aus.

»Ausputzer aller Art«

Neben den reinen Bitteren gibt es die Gruppe der Fein-, Zart- und Halbbitteren, die mit ihnen lediglich die etwas »kräuterige« Note, kaum aber ihre magenaufräumende Wirkung gemeinsam haben.

Bei den echten Bitteren steht immer die stimulierende bzw. beruhigende Wirkung

---

TIPP

Klassische Magenbitter sind der italienische »Fernet Branca« und der deutsche »Underberg«. Aber versuchen Sie doch einmal diese selbst gemachten Bitterliköre, die ebenfalls Magenbeschwerden und Völlegefühl lindern.

---

auf Magen und Darm im Vordergrund, speziell nach zu üppigem oder zu fettem Essen.

Wir stellen in diesem Buch einige speziell magenwirksame Heilpflanzen vor: die Angelika, den Anis, Enzian, Kalmus, Kümmel, die Meisterwurz und die Pfefferminze. Etwas raffinierter als unsere bisherigen Rezepte sind nun die folgenden Kompositionen, bei deren reichhaltiger Zusammensetzung wir hauptsächlich auf getrocknete Gewürze und Kräuter zurückgreifen. Einige davon, wie Nelken, Kardamom und Sternanis, kennen Sie sicher aus der Weihnachtsbäckerei: So wohltuend wie ihr Duft ist auch ihre Wirkung. Andere, wie das Benediktenkraut, erhalten Sie in der Apotheke.

Magenbitter
mit Rum

Zutaten

1 l Rum
Je 4 g Nelken und Kardamom
100 g Enzianwurzel
50 g Orangenschale
6 g Zimtstange
30 g rotes Sandelholz

Reifezeit: 1 Woche

1 In einem Gefäß die Gewürze und den Rum mischen.

2 Einige Tage stehen lassen.

3 Durch einen Filter in ein zweites Gefäß gießen; auf Flaschen ziehen.

4 Noch etwas ruhen lassen.

Kleines Rum-Brevier

Zu Hause ist der Rum in der Inselwelt der Karibik, von Haiti über Martinique und Barbados bis nach Jamaica. Mittlerweile ist die Menge der Rumarten und -varianten fast unüberschaubar groß. Unterschieden werden drei Hauptkategorien:
1. Der sehr herbe trockene Rum mit leichtem Körper, dessen wichtigster Vertreter der Kuba-Rum ist,
2. der reiche vollmundige Rum, für den der Jamaica-Rum als Prototyp gilt, und
3. der mehr aromatische Rum, der auf den Antillen-Inseln Martinique, Puerto Rico, Trinidad, Barbados und vielen anderen Inseln hergestellt wird.
In Deutschland ist der Jamaika-Rum besonders beliebt, während die Amerikaner die leichteren Rumsorten bevorzugen.

> **TIPP**
>
> *Welchen Rum Sie für Ihren Magenbitter wählen, das bleibt ganz Ihnen überlassen, doch sollte es eine gute Marke sein, wie z. B. Bacardi, Coruba, Myer s, Lemon Hart, Ronrico, Hansen, Polar oder Pott.*

Magenbitter I

Zutaten

350 g Zucker
350 ml Wasser
300 ml Alkohol
Gewürze: 0,5 g Nelken
Je 1 g Kalmuswurzel, Koriander, Zimt
Je 1,5 g Enzianwurzel, Kardamom
Je 3 g Benediktenkraut, Tausendgüldenkraut
3,5 g Orangenschale
6 g Galgantwurzel

Reifezeit: 2–3 Monate

1 Die Gewürze werden in einem Mörser grob zerstoßen.

2 In einer Flasche mit 200 ml Alkohol übergießen.

3 An einem warmen Ort lässt man die Flasche zwei Wochen stehen, wobei man sie hin und wieder schütteln sollte.

4 Dann filtriert man den Ansatz in ein Gefäß.

5 Den Zucker im Wasser lösen und beide Flüssigkeiten zusammen gießen. Den restlichen Alkohol einfach beifügen.

6 Danach lässt man das Gefäß sechs Wochen an einem nicht zu warmen Ort, z.B. im Keller oder in der Vorratskammer stehen.

7 Zum Schluss durch einen Filter in saubere Flaschen füllen und den fertigen Magenbitter noch etwas ziehen lassen.

Magenbitter II

Zutaten

Je 8 g Kümmel, Sternanis, Ingwerpulver und gemahlene Muskatnuss
25 g Nelken
0,7 l Alkohol
75 g Kandiszucker
50 g Rosinen

Reifezeit: ca. 2 Monate

1 In einem Mörser die Gewürze zerstoßen und in eine Flasche füllen. Mit dem Alkohol übergießen. Zucker und Rosinen dazugeben.

2 Man lässt die Flüssigkeit zwei Wochen lang an einem warmen Ort stehen und schüttelt sie täglich.

3 Dann nochmals drei Tage stehen lassen, ohne zu schütteln.

4 Erst danach gießt man den Ansatz durch einen Filter und zieht die Flüssigkeit auf Flaschen.

TIPP

Lassen Sie sich überraschen: Unsere Varianten schmecken für einen »Bitter« überraschend angenehm!

Magenbitter III

Zutaten

Je 8 g Weinstein, Anisgewürz und Tausendgüldenkraut
Je 15 g Alantwurzel und Enzianwurzel
24 g Sternanis
100 g Pomeranzenschale
4 l Alkohol
1 kg Zucker

Reifezeit: 6–8 Wochen

1 In einem großen Einmachglas die Gewürze und den Alkohol mischen.

2 Zwei bis drei Wochen stehen lassen.

3 In einem Kochtopf den Zucker mit dem Wasser läutern, also so lange kochen lassen, bis breite Tropfen von einem in die Zuckerlösung getauchten Löffel fallen.

4 Den Bitteransatz in eine große Schüssel filtern und mit der Zuckerlösung vermischen.

5 Auf Flaschen ziehen und noch einige Wochen ruhen lassen.

Die Heilwirkung des Wermuts

Von alters her hat der Wermut den Ruf eines Allheilmittels. Aufgrund seiner Wirkung nannte man ihn in Deutschland »Wurmtod« oder in Frankreich »alvine«, weil er Beschwerden im Unterleib kurierte. Vor allem galt die Pflanze mit dem aromatischen Duft als Magen- und Darmmittel und wurde bei Appetitlosigkeit empfohlen.

Im Altertum glaubte man gar, allein die Anwesenheit der Pflanze (der botanische Name von Wermut, *Artemisia absinthium*, geht auf die Göttin Artemis zurück) würde Krankheiten fern halten, weswegen man sie in Töpfen und Gärten zog.

Magenbitter IV

Zutaten

Je 8 g Tausendgüldenkraut,
Veilchenwurzel, Benediktenkraut

90 g Pomeranzenschale

Je 4 g Zimtstange und Muskatnuss

2 l Weingeist

500 g Zucker

Reifezeit: 6–9 Wochen

1 In einem großen Gefäß die Gewürze und den Weingeist zusammen ansetzen.

2 Zwei bis drei Wochen stehen lassen.

3 Danach in die Küche holen. In einem Kochtopf den Zucker mit dem Wasser läutern, also so lange kochen lassen, bis breite Tropfen von einem in die Zuckerlösung getauchten Löffel fallen.

4 Den Bitteransatz in eine große Schüssel filtern und mit dem Zucker vermischen.

5 Auf Flaschen ziehen und noch vier bis sechs Wochen ruhen lassen.

Wermut und Absinth

Im Mittelalter braute man aus Wermutkraut einen Wein, der, so die Absinth-Spezialistin Marie-Claude Delahaye, vermischt mit Ysop und Anis dazu benutzt wurde, »Angina, Lidentzündungen und Zahnschmerzen zu lindern«. Bis heute ist der Wermutwein, der vor allem in Südfrankreich und Norditalien hergestellt wird, als Aperitifwein sehr beliebt.

Magenbitter mit Wermut

Zutaten

Je 4 g Wermutkraut, Tausendgüldenkraut, Benediktenkraut,
Veilchenwurzel

1 Zimtstange

40 g Orangenschale

2 g Muskatnuss

1 l Weingeist (es kann auch ein
anderer hochprozentiger Alkohol sein)

250 g Zucker

Reifezeit: 2–3 Wochen

Unser Wermut-Bitter schmeckt so, wie der Name es andeutet, ist aber außerordentlich wirksam bei Magenbeschwerden!

1 Man vermischt die Gewürze in einem Gefäß mit dem Alkohol; gut verschließen.

2 Zwei bis drei Wochen stehen lassen.

3 Anschließend die Flüssigkeit filtrieren.

4 Inzwischen löst man den Zucker in einer entsprechenden Menge Wasser und gibt ihn zu der Wermutlösung.

5 In Flaschen füllen und im Arzneischrank aufbewahren.

In Verruf geriet (wegen seiner gesundheitsschädlichen Wirkung) hingegen der berühmte Absinth, der im Paris des Fin de siècle Furore machte und dort sehr populär war. Er wurde 1923 wegen gesundheitsschädlicher Wirkung verboten. Inzwischen ist er – mit einem geringeren Gehalt an dem gefährlichen Wirkstoff Thujon – wieder im Handel.

Meisterwurz

Schon der berühmte Einsiedler Theophrast Bombast Paracelsus wusste diese Alpenpflanze, die Höhen über 1000 Meter bevorzugt, zu schätzen und trug immer ein Stück der Meisterwurz (Imperatoria ostruthium) bei sich, um sie bei äußeren und inneren Vergiftungen zu verabreichen.

Die Heilwirkung der Meisterwurz

In der Wirkung und Anwendungsform ähnelt die Meisterwurz der Engelwurz oder Angelika (Seite 24). Sehr lange galt sie in der Heilkunde als ein wahres »Wundermittel« gegen alle möglichen Gebrechen. Alte Arzneibücher zählen auf: Schlagfluss, Delirium tremens, chronischer Magen- und Bronchial-Katarrh, Engbrüstigkeit, Gicht, Leibschmerzen, Epilepsie, Wassersucht, Zungenlähmung und Vergiftungen. Heute beruft sich die Volksmedizin hauptsächlich auf ihre appetitanregende Wirkung.

Ihr heiß-würziger, brennender Geschmack macht sie heute noch zu einer beliebten

44

> ### TIPP
>
> *Die hier beschriebene Tinktur ist ein ideales Heilmittel bei allerlei entzündlichen Prozessen; besonders bewährt hat sie sich gegen Zahnfleischbluten.*

Zutat für Gebirgsbitter, Jägerliköre und ähnliche Verdauungsschnäpse sowie Magenbitter. Andere Verwendungsweisen sind etwas aus der Mode geraten.

Meisterwurz-Tinktur

Zutaten
Einige Meisterwurzen
1/2 l Alkohol

Reifezeit: 4–6 Wochen

Wichtig: Die Meisterwurztinktur wird nur zur äußerlichen Anwendung empfohlen.

1 Die Meisterwurz ist aus unseren Gärten fast verschwunden, auch in der Natur ist die in Stauden wachsende Pflanze nicht mehr häufig. Sie können jedoch auf die getrockneten Wurzen aus der Apotheke zurückgreifen.

2 Die Wurzen in ein weithalsiges Einmachglas oder einen Steinguttopf legen und mit dem Alkohol aufgießen.

3 Das Gefäß einige Wochen an einen dunklen Platz stellen.

4 Danach die Flüssigkeit durch ein Leinentuch oder ein Sieb in eine Schüssel abgießen.

5 Die Flüssigkeit mithilfe eines Trichters in eine saubere dunkle Flasche füllen.

Entzündetes Zahnfleisch sollten Sie mehrmals täglich damit betupfen.

Melisse

Die Melisse (Melissa officinalis) – hier ist nur von der Zitronenmelisse die Rede – ist keine heimische Pflanze. Wer jedoch im Garten ein warmes Plätzchen mit humusreichem, sandigem Lehmboden hat, kann sie im Kräuterbeet auch leicht selbst ziehen. Um gut gedeihen zu können, muss die fein nach Zitrone riechende Staude reichlich gedüngt werden.

»Nervenbalsam« Melisse

Aus den aromatischen Blättchen der Melisse wird ein wertvolles ätherisches Öl gewonnen. Man kann die Blätter ebenso getrocknet für einen Aufguss wie frisch in Salaten aller Art, Kräutersaucen und Wild- und Pilzgerichten verwenden.

Noch heute wird der traditionelle Melissengeist nach dem Rezept der barfüßigen Karmeliterinnen aus dem 17. Jahrhundert destilliert: aus 150 Teilen Spiritus, 250 Teilen Wasser, 15 Teilen Melisse, 12 Teilen Zitronenschale, 6 Teilen Muskatnuss, 3 Teilen Zimtkassie und 3 Teilen Gewürznelken.

Die Heilwirkung der Melisse

Viele Jahrhunderte wuchs die Melisse im Verborgenen, ohne dass man ihre Heil-

> **TIPP**
>
> *Wer keinen eigenen Garten hat, in dem er Melisse ziehen kann, und sie nicht frisch auf dem Markt bekommt, sollte auf getrocknete Blätter aus der Apotheke ausweichen.*

kraft kannte. Erst die Karmeliter entdeckten, dass die Pflanze eine allgemein kräftigende, beruhigende und krampflösende Wirkung ausübt, nervöse Gemüter besänftigt und den Schlaf fördert.

Sie entwickelten ein Melissenwasser, das bis heute ein wichtiger Bestandteil des berühmten »Chartreuse«, des »Bénédictine« und anderer Kräuterliköre ist.

Hausgemachter Melissengeist

Zutaten

1 l Schnaps, möglichst hochprozentig

20 g Melisse

Ein Stückchen zerriebene Angelikawurzel (aus der Apotheke)

Ein Stück abgeriebene Zitronenschale

Etwas gemahlene Muskatnuss, gestoßener Koriander, Zimt, Nelkengewürz

Reifezeit: 2 Wochen

1 Die Melissenblätter zusammen mit der Angelika und den übrigen Gewürzen in ein Gefäß geben und mit dem Schnaps aufgießen.

2 Das Ganze etwa zwei Wochen ziehen lassen.

3 Dann filtert man den Ansatz durch ein mit einem Mulltuch ausgeschlagenes Sieb und füllt den Melissengeist in Flaschen ab.

Man kann den Melissengeist zur Beruhigung der Nerven in den Tee geben, tropfenweise auf einem Stück Würfelzucker oder auch mit ein wenig heißem Wasser verdünnt einnehmen.

Pfefferminze

Seit Urzeiten kennen und schätzen die Menschen die erfrischende Minze. Schon in ägyptischen Gräbern aus der Zeit um 1000 v. Chr. fand man Blumengebinde mit Minzeblättern.

Liebling der Götter

Als kultischer Duftstoff, so die Legende, fand die Minze Verwendung und von Ovid stammt eine Sage, wonach die Minze dem Leib der schönen Nymphe »Mintha« entspross, die von der eifersüchtigen Persephone zerrissen wurde.

Unter den vielen verschiedenen Minzearten spielt die Pfefferminze (*Mentha piperita*), ein gezüchteter Bastard aus drei wild wachsenden Minzearten, in Deutschland die größte Rolle.

> ### TIPP
>
> *Die Pfefferminze ist in der Heilkunde, bei der Herstellung von Kosmetika und Likören gleichermaßen begehrt.*

Die Heilwirkung der Pfefferminze

In der Volksmedizin wird die Pfefferminze sehr geschätzt und zählt dort neben der Kamille zu den bekanntesten und gebräuchlichsten Heilpflanzen.

Verwendung findet sie vor allem bei Beschwerden der Verdauungsorgane, bei Magenschmerzen, Übelkeit, Erbrechen, Blähungen, Darmträgheit, Leberleiden und Gallenbeschwerden. Wer kennt nicht den Pfefferminztee, der sicher eines der am häufigsten verschriebenen natürlichen Heilmittel darstellt.

Die Pfefferminze in der Küche

Unseren Küchen blieb die Minze leider – im Gegensatz zu England und Amerika – fremd.

Mit Pfefferminze würzt man in den angelsächsischen Ländern Fruchtcocktails und -säfte, Fruchtsalate, Erbsen und Karotten, Tee und Kakao. Auch in der berühmten englischen »mint sauce«, die zu Hammel- und Kalbfleisch, Pasteten, Gelees und Fischgerichten gereicht wird, findet Minze (hier bevorzugt die Grüne Minze) Verwendung. In den arabischen Ländern wird die Minze nicht nur gerne als Tee getrunken, man aromatisiert mit ihr auch Lamm- und Ziegenfleischgerichte. Die kühlende Pfefferminze wirkt ausgleichend bei scharfem Essen und heißem Wetter.

Kühler Pfefferminztrunk

Zutaten

1 kleiner Bund Minzblätter

1/2 l reinen Alkohol

3/4 l Wasser

200 g Zucker

Reifezeit: 8–10 Tage

1 Die Minzblätter legt man in einem gut schließendem Gefäß in den Alkohol ein und lässt sie acht bis zehn Tage ziehen.

2 Die entstandene herrlich grüne Flüssigkeit mischt man mit etwas mehr als einem halben Liter dick eingekochtem Zuckersirup (Seite 18).

3 Anschließend wird das Ganze filtriert; drücken Sie die bröselig gewordenen Pfefferminzblätter gut aus.

4 Die Flüssigkeit in Flaschen abfüllen.

TIPP

Den Pfefferminztrunk an heißen Sommertagen mit Mineralwasser aufgießen. Ein Würfel Eis dazu, und fertig ist ein erfrischendes Getränk, das man – solange der Vorrat reicht – immer wieder neu genießen kann.

Kandierte Minzblätter

Zutaten

2 Hand voll Pfefferminzblätter

60 g Gummiarabicum

300 ml Wasser

Zucker

Zum Kaffee mit einem Gläschen Pfefferminzlikör

1 Verwenden darf man ausschließlich makellose, große Pfefferminzblätter.

2 Man löst 60 Gramm Gummiarabicum in einer Schüssel mit 300 Milliliter Wasser auf und stellt eine zweite Schüssel mit Zucker und einen Backpinsel bereit.

3 Nachdem man die Blätter von beiden Seiten mit der Gummilösung bestrichen hat, wendet man sie in dem Zucker.

4 Um den Geschmack zu verstärken, lässt man die Blätter am besten noch einige Stunden im Zucker liegen.

5 Dann abschüttelt man sie vorsichtig ab.

6 Die Blätter zum Trocknen zwei Tage lang auf ein Kuchengitter legen; nach einem Tag können Sie sie wenden.

7 Man bewahrt die Blätter in einem luftdichten Behälter kühl und dunkel auf.

Pfefferminze

Rosmarin

Rosmarin (Rosmarinus officinalis) gilt in vielen Ländern als heiliges, mit geheimnisvollem Zauber umgebenes Kraut. Er ist Sinnbild für Liebe und Treue. Im Mittelalter glaubte man, er habe die Kraft, böse Geister zu bannen. Daher flocht man der Braut einen Rosmarinkranz, Kirchen wurden bei Hochzeiten mit Rosmarinzweigen ausgeschmückt, und den Toten gab man sie mit ins Grab. Der Rosmarin ist am Mittelmeer zu Hause und liebt trockenen, kargen, kalkreichen Boden.

Rosmarin in der Küche

Italiener, Franzosen und Spanier schätzen den Rosmarin sehr – sie verwenden ihn vor allem als Beigabe zu Lammgerichten. Er würzt aber ebenso zartes Hühnchenfleisch sowie die berühmte Ratatouille und passt gut zu Fisch, Muscheln und Kalbfleisch. Man verwendet ihn entweder ganz oder zerkleinert und gibt ihn schon beim Anbraten zu den Fleischstücken. Bei Suppen oder Schmorgerichten empfiehlt sich die Beigabe des ganzen Zweiges. In Großbritannien und den USA würzt er so manches Hammelgericht und verfeinert Salzkartoffeln.

> ### TIPP
>
> *Rosmarin ist auch ein beliebter Badezusatz, der bei niedrigem Blutdruck angezeigt ist. Bei schlechter Haut und Stoffwechselerkrankungen haben sich Rosmarinsalben sehr bewährt.*

Die Heilwirkung des Rosmarins

Rosmarin wirkt nicht nur anregend auf die Gallen- und die Magentätigkeit, sondern auch auf den Kreislauf. Rosmarintee und noch stärker Rosmaringeist helfen bei mangelnder Gallen- und Magensaftproduktion und bei allgemeinen Erschöpfungszuständen, bei Übermüdung und Durchblutungsstörungen.

Rosmaringeist

Zutaten

40 frische Rosmarinnadeln

Dünn abgeschälte Schale einer unbehandelten Limette

700 ml Obstler

Reifezeit: 4 Monate

1 Die Rosmarinnadeln zusammen mit der Limettenschale und dem Obstler in eine Flasche geben.

2 Den Ansatz etwa zwei Monate lang ruhig an einem sonnigen Ort ziehen lassen.

3 Danach die Flüssigkeit durch ein Sieb gießen, in eine saubere Flasche füllen und weitere zwei Monate reifen lassen.

Den Rosmaringeist mehrmals täglich in kleinen Schlucken genießen!

Teerezept

Einen gehäuften Teelöffel Rosmarinnadeln mit einem Viertelliter kochendem Wasser übergießen und 15 Minuten lang ziehen lassen. Anschließend abseihen. Morgens und mittags eine Tasse schluckweise trinken.

Kräuter und Heilpflanzen

Salbei

Schon der Name dieses Gartenkrautes (von lateinisch »salvare« = retten, heilen) zeigt uns, wie sehr diese Heilpflanze seit alter Zeit geschätzt wird. »Wie kann ein Mensch sterben, in dessen Garten Salbei wächst?«, schrieben schon vor tausend Jahren italienische Kräuterärzte. In der italienischen Küche wird Salbei (Salvia officinalis) auch als Küchengewürz gern verwendet – in Olivenöl frittiert, um Kalbsschnitzelchen gewickelt und als Salbeibutter in der Nudelsauce. Salbei braucht im Garten einen sonnigen Platz und begnügt sich mit magerem Boden. Mit einem leichten Winterschutz übersteht die duftende ausdauernde Staude auch mitteleuropäische Winter.

Die Heilwirkung des Salbei

Die Wirkstoffe des Salbei sind stark entzündungshemmend, und sie töten Bakterien und Pilze. Salbei fördert die Fettverdauung und den Stoffwechsel, und er wirkt im Magen-Darm-Bereich krampflösend und reinigend. Seine ätherischen Öle regulieren die Schweißproduktion. Im Zusammenspiel mit der entzündungshemmenden Rosmarinsäure helfen sie bei Zahnfleisch- und Rachenentzündungen.

TIPP

Stillende Mütter sollten keinen Salbeitee trinken, weil er den Milchfluss hemmt. Wer Abstillen will, kann dies aber mit einigen Tassen Salbeitee täglich sanft einleiten.

Salbeilikör

Zutaten

1 l Korn

300 g Zucker

36 Salbeiblätter

Schale einer unbehandelten Zitrone

Reifezeit: 8 Wochen

1 Den Korn mit Zucker, Salbeiblättern und Zitronenschale in eine Flasche geben und drei Wochen an einen sonnigen, warmen Ort stellen.

2 Die Flüssigkeit filtern und noch mindestens fünf Wochen dunkel lagern.

Der Likör ist ein hervorragender Digestif besonders nach fettreichen Speisen. Er »renkt« aber auch verdorbene Mägen wieder ein. Ohne Zucker angesetzt, wird daraus eine Tinktur, mit der man das Zahnfleisch bei Entzündungen spülen kann.

Salbeiblüten-Digestif

Ein anderes Rezept verwendet die duftenden violetten Salbeiblüten für einen Verdauungstrunk: 30 Salbeiblüten in 250 Milliliter Branntwein etwa vier Wochen an einem sonnigen Ort ziehen lassen. Dann filtern und eventuell nach Geschmack zuckern.

Man kann den Digestif zum Genuss aber auch über ein Stück Würfelzucker ins Schnapsgläschen eingießen.

Teerezept

Zwei bis drei Esslöffel frischen oder getrockneten Salbei in einem Liter Wasser langsam zum Kochen bringen, dann abseihen und mit Honig süßen.

Salbei

Schafgarbe

Teerezept

Für einen wohltuenden Tee übergießt man einen Teelöffel zerkleinertes Schafgarbenkraut mit einer Tasse heißem Wasser. Nach 15 Minuten seiht man ab. Von diesem Tee täglich drei Tassen warm trinken.

Schafgarben-Klarer

Zutaten
Junge Blüten der weißen oder rosa

Schafgarbe

Klarer Schnaps

Reifezeit: 1 Woche

1 Die Blüten ein paar Tage im Schatten trocknen lassen und dann die Blütenschirme vorsichtig abzupfen. Anschließend in ein Gefäß füllen.

2 Mit dem Klaren werden sie so übergossen, dass die Schirmchen von der Flüssigkeit bedeckt sind.

3 An einem kühlen Ort lässt man den Ansatz ein paar Tage stehen.

4 Danach filtert man ihn durch ein Tuch in eine Flasche.

5 Die Flüssigkeit ein paar Tage ruhig stellen, damit sie sich klären kann.

6 Dann nochmals in eine andere Flasche umgießen.

7 Jetzt ist die Essenz fertig und kann beliebig verdünnt und verwendet werden.

Man findet die heilkräftige Schafgarbe (Achillea millefolium) auf Wiesen, Viehweiden, an Feldrainen und Ackerrändern. Von der Sonne beschienen duften ihre weißen bis rosaroten Blüten herb-aromatisch. Sonnenschein steigert überhaupt die Heilkraft der Pflanze, weswegen man sie vor allem bei schönem Wetter pflücken sollte.

TIPP

Wie so viele Geister, gewinnt auch unser Schafgarben-Klarer mit längerer Lagerzeit.

Die Heilwirkung der Schafgarbe

Arzneilich verwendet wird entweder die gesamte Pflanze ohne die Wurzeln oder, wie in unserem Rezept, auch nur die Blütenstände.

Schafgarbe beruhigt den Magen und wird als Bittermittel bei Appetitlosigkeit und zur Steigerung der Gallensekretion verwendet. Für Frauen ist die Schafgarbe ein besonders wichtiges Kraut. Ein altes Sprichwort sagt: »Schafgarb' im Leib, tut gut jedem Weib!«

Ein Aufguss aus Schafgarbe (auch des getrockneten Krauts aus der Apotheke) und der regelmäßige Genuss von einem Stamperl des Schafgarben-Klaren helfen gegen Krämpfe im Unterleib, beheben zu starken Blutfluss und Ausfluss und regulieren die Periode.

Spitzwegerich

Obgleich nur eine kleine, unscheinbare Pflanze ist der Spitzwegerich (Plantago lanceolata) sehr heilkräftig. Er wächst auf Wiesen, an Wegrändern und Dämmen und dort in großen Mengen, so dass man im Sommer stets genügend Vorrat frischer Blätter findet.

Die Heilwirkung des Spitzwegerichs

Von alters her werden seine Wurzeln, Blätter, Blüten und Samen in der Heilkunde verwendet: zur Linderung des Hustenreizes bei Katarrhen der Luftwege und der Bronchitis, bei Entzündungen im Mund- und Rachenraum und bei Verletzungen und Insektenstichen.

Die Heilkraft des Spitzwegerich beruht auf den enthaltenen Gerbstoffen, Schleim und Kieselsäure sowie Vitamin C – immer eine gute Mischung bei Hustenmitteln. Auch als Wundheilungsmittel weiß man den Wegerich in der Volksmedizin zu schätzen. So schreibt Sebastian Kneipp: »Wie mit Goldfäden näht der Wegerichsaft den klaffenden Riß zu, und wie an Gold sich nie Rost ansetzt, so flieht den Spitzwegerich jede Fäulnis und faules Fleisch.«

TIPP

Der Spitzwegerichgeist kann äußerlich als wirksames Mittel zur Schmerzlinderung bei Insektenstichen, für Einreibungen und Umschläge verwendet werden.

Kräuterpfarrer Künzle empfiehlt bei Biss-, Schnitt- und Schürfwunden die Auflage von zerquetschten Wegerichblättern. Bei Zahnschmerzen hingegen soll ein Wegerichabsud zum Gurgeln helfen, bei Husten ein Tee.

Spitzwegerichgeist

Zutaten

Ca. 30 frisch gepflückte Spitzwegerichblätter

1 l Weingeist

Reifezeit: 6 Wochen

1 Frisch gepflückte Spitzwegerichblätter behutsam säubern und in eine Literflasche aus Glas geben.

2 Mit Weingeist bis zum Rand auffüllen.

3 Die Flasche wird verschlossen und für sechs Wochen an die Sonne gestellt.

4 Dann füllt man den Geist durch einen Kaffeefilter in eine neue Flasche ab.

Man kann die Tinktur auch gegen Husten tropfenweise einnehmen, wenn man sie mit etwas Wasser verdünnt. Vorsicht: nicht für Kinder geeignet.

Teerezept

Für den Tee zwei Teelöffel Spitzwegerichblätter mit einem Viertelliter siedendem Wasser übergießen und 10–15 Minuten ziehen lassen. Von dem Tee täglich zwei bis drei Tassen trinken.

Gesammelte Früchte aus Wald und Flur

Beeren und Nüsse werden heute meist genauso in Kulturen angebaut wie ihre exotischen Verwandten. Trotzdem sind in den Wildfrüchten wie der Hagebutte, in Kernobst wie der Quitte und in Hasel- oder Walnüssen noch immer eine Reihe wertvoller Nährstoffe in natürlicher Konzentration enthalten.

Das enthaltene Vitamin C, die Mineralstoffe Kalium, Phosphor und Eisen sowie Fruchtsäuren, Fruchtzucker und Ballaststoffe bauen den Körper auf, ohne den Organismus zu belasten.

Brombeere

Wie die Walderdbeere und die Himbeere gehört auch die Brombeere (Rubus fruticosus) zur Familie der Rosengewächse.

Dornenreiche Ernte

Den Beerensammlern wird das Vorankommen im Brombeerdickicht sehr schwer, ist aber an günstigen Standorten von reicher Ausbeute belohnt.

Zu finden ist der bis zu zwei Meter hohe, stachelige Strauch in Wäldern, auf Kahlschlägen und Lichtungen, an Gebüschen und Hecken.

Begehrt sind nicht nur die schwarzvioletten Früchte, die einen tiefroten, säuerlichen Saft ergeben – auch die Brombeerblätter finden seit alters her Verwendung. Man pflückt sie noch jung im Frühjahr, die Früchte dagegen erst im September und Oktober, wenn sie reif sind.

Teerezept

Bei leichten Durchfallerkrankungen soll ein Tee aus Brombeerblättern sehr gut sein. Dazu überbrüht man zwei Teelöffel Brombeerblätter mit kochendem Wasser, lässt die Mischung zehn Minuten ziehen und trinkt von dem frisch bereiteten Tee mehrmals täglich.

TIPP

Unser stark alkoholhaltiger, ausgereifter »Saft« ist etwas für Liebhaber ganz besonders vollmundiger Köstlichkeiten.

Brombeer-»Saft«

Zutaten

1 kg Brombeeren	
1/2 l Weingeist	
1/2 l Kornbranntwein	
1/2 l Wasser	
700 g Zucker	
1/4 l Wasser	

Reifezeit: 3 Wochen

1 Die Brombeeren werden mit der Gabel zerdrückt und mit dem Alkohol in eine Flasche gefüllt.

2 In der verkorkten Flasche wird der Ansatz drei Wochen kühl und dunkel gelagert.

3 Danach filtert man den Ansatz durch ein feuchtes Leinentuch in ein hitzebeständiges Gefäß aus Glas oder Keramik.

4 Den Fruchtrückstand aus dem Leintuch in einen Topf mit einem halben Liter Wasser geben, das Ganze einmal aufkochen.

5 Den heißen Sud durch ein Tuch in einen zweiten Topf seihen und den gewonnenen Saft mit der angegebenen Zuckermenge und dem Wasser fünf Minuten aufkochen.

6 Die aufgekochte Flüssigkeit in das Gefäß mit dem Alkoholansatz geben.

7 Das fertige, stark alkoholische Gemisch durch ein feuchtes Tuch in eine saubere Flasche füllen und mit dem Korken gut verschließen. Dunkel lagern.

Gesammelte Früchte aus Wald und Flur

Eukalyptus

Verwendung des Eukalyptusöls zur Herstellung von Salben sowie von Präparaten zum Inhalieren. Eukalyptusöl ist darüber hinaus ein wichtiger Bestandteil zahlreicher Präparate zur Linderung von Rheuma und Gicht.

Ursprünglich in Südwestaustralien und Tasmanien beheimatet, wird der Eukalyptusbaum (Eucalyptus globulus) heute in vielen Regionen der Erde gepflanzt: in den Mittelmeerländern, im tropischen Asien und Afrika, aber auch in Neuseeland, Kalifornien, Südamerika und China. Der Baum erreicht eine stattliche Höhe, mancherorts wird er bis zu 70 Meter hoch. Die Blüten sind weiß oder rot, die Rinde ist charakteristisch grau-weiß gemustert. Wer am Mittelmeer Urlaub macht, sollte sich frische Eukalyptusblätter mitbringen und unseren köstlichen Heillikör daraus zubereiten.

Die Heilwirkung des Eukalyptus

Die vielseitige und große Heilkraft des Eukalyptus ist vor allem auf einen Inhaltsstoff zurückzuführen: das ätherische Öl mit Eukalyptol. Alle weiteren Inhaltsstoffe wie Bitterstoffe, Gerbstoffe, Flavonoide, Harze, Gummi und andere sind Begleitstoffe. Das ätherische Öl ist Bestandteil zahlreicher Arzneimittel, die gegen Husten, Bronchitis und Asthma eingesetzt werden. Die Blätter finden auch als Tee bei Atemwegserkrankungen Verwendung. Weit verbreitet ist auch die

TIPP

Für Eukalyptustee drei Teelöffel Eukalyptusblätter mit einem Viertelliter kochendem Wasser aufbrühen. 10–15 Minuten ziehen lassen, danach abseihen. Schluckweise trinken.

Eukalyptuslikör

Zutaten

25 g Eukalyptusblätter
6 Pfefferminzblätter
Etwas Enzianwurzel (Apotheke)
1 l Grappa
500 g Zucker
1/2 l heißes Wasser

Reifezeit: 8 Wochen

1 Eukalyptus- und Pfefferminzblätter sowie Enzianwurzel zerkleinern, in eine Flasche geben und mit Grappa übergießen.

2 Den Ansatz zwei Wochen lang ziehen lassen.

3 Den Zucker im heißen Wasser restlos auflösen, die Zuckerlösung zur Eukalyptusmischung geben, die Flasche gut verschließen und eine weitere Woche ruhen lassen. In dieser Zeit sollte man die Mischung immer wieder kräftig durchschütteln, damit sich der Zucker nicht absetzt.

4 Den Likör so lange filtern, bis er klar ist. In saubere Flaschen abfüllen und fünf Wochen stehen lassen.

Diesen Likör kann man tagsüber mehrmals schluckweise trinken. Er hilft gegen Husten und Atemwegsbeschwerden.

Hagebutte

Die Hagebutte (Rosa canina), *auch Hundsrose genannt, wächst wild in Hecken, Gebüschen, an Waldrändern, an Feldern und Böschungen. Wegen ihrer wohlriechenden Blüten und der schönen roten Früchte haben viele Menschen den etwa ein Meter hohen Strauch auch in ihre Gärten geholt.*

Die Heilwirkung der Hagebutte

Seit alters her schätzt man die Hagebuttenfrüchte wegen ihres hohen Vitamin-C-Gehalts und ihres guten Geschmacks. Man mischt sie z.B. mit Hibiskusblüten zu Früchtetees oder bereitet ein unverwechselbar schmeckendes Mus oder eine Marmelade. Vor allem als Haustee für die Familie ist die Hagebutte sehr beliebt.

> **TIPP**
>
> *Die Hagebutten sollten möglichst einmal Frost »erwischt« haben, bevor sie geerntet werden, denn dann sind sie am wohlschmeckendsten.*

Hagebuttentee

Früher verwendete man dazu hauptsächlich die Kerne, die einen vanilleähnlichen Geschmack haben. Die Früchte für den Tee werden gesammelt, sobald sie rot sind. Anschließend werden sie im Backofen getrocknet, wobei die Temperatur nicht über 50 °C ansteigen sollte. Zugleich ist eine kleine Luftzufuhr notwendig – weshalb man ein Holzstückchen in die Backofentür klemmt. Die Hagebutten müssen anschließend mindestens 24 Stunden austrocknen, sollten aber noch ihre rote Farbe haben. Zum Tee kann man die ganzen Hagebutten nehmen oder sie grob zerkleinern oder mahlen. Hagebuttentee kann täglich von jedermann getrunken werden, besonders aber bei erhöhtem

Vitamin-C-Bedarf – wie etwa während des Wachstums oder im Alter, bei Schwangerschaft und in der Stillzeit und natürlich in der kalten Jahreszeit.

Teerezept

Für den Tee zwei Teelöffel grob zerkleinerte oder gemahlene Hagebutten und einen Viertelliter Wasser in einem Topf zum Sieden bringen, zehn Minuten kochen lassen und den Tee abseihen.

Hagebuttentrank

Zutaten

500 g Hagebutten
1/2 l Weingeist
1/2 l Kornbranntwein
1 kg Zucker
3/4 l Wasser

Reifezeit: 5–8 Wochen

1 Man entstielt die Hagebuttenfrüchte, zerquetscht sie in einem Mörser oder zerkleinert sie in der Küchenmaschine. Die Früchte in einer Schüssel mit dem Weingeist und dem Kornbranntwein aufgießen.

2 Den Zucker kocht man in dreiviertel Liter Wasser eine Viertelstunde lang, so dass eine Art Sirup entsteht. Diese Zuckerlösung noch heiß über die Früchte geben.

3 Nun gießt man das Ganze in ein weithalsiges Glas. Fest verschlossen zehn Tage an die Sonne stellen.

4 Danach die Flüssigkeit durch ein Leinentuch abseihen und in saubere Flaschen umfüllen. Den fertigen Trank noch einige Wochen lagern.

> **TIPP**
>
> *Der Hagebuttentrank wirkt harntreibend und sollte bei Nierenschäden nur nach Absprache mit dem Arzt genommen werden.*

Hagebuttenlikör

Zutaten

1 kg Hagebutten
1 l Weingeist
250 g Zucker
1/4 l Wasser

Reifezeit: 6 Wochen

1 Die Hagebuttenfrüchte mit einem scharfen Messer der Länge nach teilen und die Kerne ausschaben. Die halbierten Früchte in einem Sieb gut waschen und abtropfen lassen.

2 Um zu verhindern, dass das Fruchtfleisch schlecht wird, muss es möglichst schnell getrocknet werden. Das geschieht am besten auf einem Blech im Backofen bei einer Temperatur von 50 °C.

3 Geben Sie die Früchte dann in ein Gefäss und übergießen Sie sie mit dem Weingeist. Dicht verschlossen lässt man das Ganze ca. sechs Wochen lang ziehen.

4 Danach kochen Sie zunächst den Zucker mit einem Viertelliter Wasser auf – etwa 20 Minuten lang.

5 Gießen Sie schließlich den Alkoholansatz durch einen Filter zum Zuckersirup, und rühren Sie gut durch.

6 Nach dem Abkühlen in Vorratsflaschen umfüllen.

Hagebutten sind überaus reich an Vitamin C und Provitamin A, viel reicher als Zitrusfrüchte.

Heidelbeere

Wir finden die niederen »Halbsträucher«
der Heidelbeere (Vaccinium myrtillus)
in Wäldern, an Waldrändern und in
Torfmooren. Je nach Standort werden sie
von Juli bis September reif und können
in großen Mengen geerntet werden.

Die Heilwirkung der Heidelbeere

»In der Heidelbeerzeit kann der Arzt in
Urlaub gehen«, heißt es im Volksmund.
Aufgrund ihres hohen Anteils an Gerbstoffen wirkt die Heidelbeere hervorragend bei Darmentzündungen, bei Durchfall (allerdings nur die getrockneten
Früchte) und als Wurmkur gegen Spul-
und Madenwürmer. Dem enthaltenen
Farbstoff sagt man außerdem eine bak-
terientötende Wirkung nach.

TIPP

Heidelbeeren schme-
cken besonders in
Kuchen und als Mar-
melade oder Gelee
unschlagbar gut.

Bei entzündetem Zahnfleisch und Entzündungen der Mundschleimhaut genügt
es, eine Zeit lang getrocknete Heidelbeeren langsam zu zerkauen, und die
Infektion klingt ab.
Nicht nur aus den getrockneten Früchten,
wie unten beschrieben, sondern auch aus
den Blättern kann man einen Tee machen,
der bei verschiedenen Alltagsbeschwer-
den Anwendung findet. Man kann mit
ihm auf natürliche Weise den Blutzucker
senken.

Teerezept

2 EL getrocknete Heidelbeeren in einem
Topf mit einem Viertelliter Wasser aufkochen und 10 Minuten ziehen lassen, dann
durch ein Sieb abgießen.

Heidelbeerlikör

Zutaten

500 g Heidelbeeren

1/2 l Alkohol

125 g Zucker und 1/2 l Wasser

Reifezeit: 4–6 Wochen

1 Die Heidelbeeren werden sorgfältig verlesen, gewaschen und anschließend in einer passenden Schüssel mit der Gabel oder portionsweise in einem Mörser zerdrückt (seien Sie dabei vorsichtig, die Masse spritzt leicht!).

2 Das Mus mit dem Alkohol in ein großes Glas geben; gut verschließen.

3 Den Ansatz lässt man vier bis sechs Wochen an einem sonnigen Platz stehen, wobei man das Glas öfter schütteln sollte.

4 Nach Ablauf der vier bis sechs Wochen holt man das Glas in die Küche und kocht zunächst einen Zuckersirup aus dem halben Liter Wasser und dem Zucker.

5 Nachdem der Sirup abgekühlt ist, seihen Sie den Heidelbeeransatz portionsweise durch ein Sieb in den Topf mit dem Zuckersirup und mischen das Getränk anschließend gut durch.

6 Dann füllt man den Heidelbeerlikör in Flaschen ab und lässt ihn an einem dunklen, kühlen Ort lagern.

TIPP

Heidelbeeren färben sehr stark, so dass Sie bei der Zubereitung am besten Gummihandschuhe tragen. Auch sollte der Topf aus rostfreiem Stahl sein, um Flecken zu vermeiden.

Heidelbeerschnaps

Zutaten

1 kg Heidelbeeren

3 Gewürznelken

1 Stück Zimtrinde

1 kleines Stückchen Ingwer

1 kg Zucker

1/2 l Weingeist

1/2 l Kornbranntwein

1 1/2 l Wasser

Reifezeit: 2–3 Wochen

1 Die Heidelbeeren verlesen, waschen und in einem Kochtopf zusammen mit den Gewürzen in eineinhalb Liter Wasser weichkochen.

2 Den Zucker in eine große, hitzebeständige Schüssel geben und die Heidelbeermasse darübergießen.

3 Die Schüssel mit einem Leintuch gut abdecken und über Nacht kühl stellen.

4 Am nächsten Tag seiht man den Saft durch ein Tuch ab. In eine große Flasche abfüllen und an ein ruhiges Plätzchen stellen.

5 Der Saft setzt sich mit der Zeit ab. Wenn sich die Bestandteile getrennt haben, gießen Sie den klaren Saft in einen Topf und erwärmen ihn.

6 Den Topf vom Herd nehmen und die beiden Schnäpse dazugießen.

7 Nun brauchen Sie das Getränk nur noch in Flaschen umzufüllen und sie mindestens zwei weitere Wochen an einem kühlen, dunklen Ort lagern.

Holunder

Der Holunder (Sambucus nigra) *wächst in Sträuchern oder kleinen Bäumen an Waldrändern, auf Viehweiden, in Feldgebüschen, Bauerngärten und vernachlässigten Grundstücken aller Art.*

Holunderzeit ist Sommerzeit

Zur Zeit der Blüte, von Mai bis Juli, verströmt der Holder, wie er auch genannt wird, einen intensiven Geruch. Die Blütendolden oder später auch die Beeren zu sammeln, ist kein Problem, da der Holunder so weit verbreitet ist. Ganz wichtig ist jedoch, dass Sie die Blütenstände möglichst rasch nach dem Aufblühen abschneiden, noch ehe sich Parasiten bei ihnen einnisten konnten und bevor sie abzufallen beginnen.

> ### TIPP
>
> *Nicht nur als Heilpflanze, auch verarbeitet zu Marmeladen, Sirup, Mus, Holundersuppe und Hollerwein ist der Holunder sehr beliebt.*

Die Heilwirkung des Holunders

Früher sagte man, ein Holunderbusch im Garten erspare einem die Apotheke. Und so unrecht hatte man nicht. Die Holunderbeeren sind überaus reich an Vitamin B, außerdem Provitamin A und Vitamin C. Auch die Blüten, Blätter, Wurzeln und Rinden sind heilkräftig.

Holundertee

Häufig findet der Holunder als Schwitztee bei Erkältungskrankheiten und Fieber Verwendung. Dazu zwei Teelöffel Holunderblüten mit einem Viertelliter siedendem Wasser übergießen und nach zehn Minuten abseihen. Davon mehrmals täglich ein bis zwei Tassen möglichst heiß trinken.

Holundersekt

Zutaten

6 Dolden Holunderblüten

4 l Wasser

3 bis 4 ungespritzte Zitronen

1/4 l Essig

Reifezeit: 10 Tage

1 Für den Holundersekt verwendet man die frischen Blüten in der Zeit von Mai bis Juli. Schneiden Sie an einem trockenen Tag vorsichtig die ganzen Blütenstände mit einem Messer vom Strauch. Vorsichtig abschütteln und säubern, eventuell kurz abduschen und trockenschwenken.

2 In einem Topf Wasser, Essig und Zucker zusammen aufkochen. Die Flüssigkeit auskühlen lassen.

3 Die Zitronen in Scheiben schneiden und mit den Holunderdolden in ein großes Weckglas oder eine Glasschüssel geben.

4 Die Früchte und Blüten mit dem Sud übergießen. Die Flüssigkeit abdecken und ein bis zwei Tage stehen lassen.

5 Danach durch ein Haarsieb abgießen und in saubere Flaschen abfüllen.

6 Verkorken Sie die Flaschen gut, aber erschrecken Sie sich nicht, wenn ab und zu so ein Korken »in die Luft« geht.

7 Nach ca. zehn Tagen ist der Holundersekt so weit, dass man ihn trinken kann.

ALTER VOLKSGLAUBE

Wer sich an Holundersträuchen vergreift, so glaubte man, zieht dadurch Unglück auf sich, doch wer Holunder hegt und pflegt, befreit sich von Krankheiten und ist gegen Blitzeinschläge und Schlangenbisse gefeit.

Holunderlikör

Zutaten

1 kg Holunderbeeren

1 l Alkohol

250 g Zucker

1/2 bis 1 l Wasser

Reifezeit: 6–8 Wochen

1 Die im Herbst gesammelten, vollreifen schwarzen Holunderbeeren werden verlesen, gut gewaschen und abgetropft.

2 Danach die Beeren mit einem Stampfer in einer Schüssel zerdrücken. Vorsicht Spritzgefahr!

3 Das Fruchtmus zusammen mit dem Alkohol in ein weithalsiges Gefäß füllen.

4 Das Gefäß für sechs bis acht Wochen an ein sonniges Plätzchen stellen, so lange, bis die Farbe ausgezogen ist.

5 Anschließend den Saft durch einen Filter in eine Schüssel abgießen.

6 In einem Kochtopf den Zucker in ca. einem halben bis einem Liter Wasser aufkochen und so lange köcheln lassen, bis ein zähflüssiger Sirup entstanden ist.

7 Den Sirup zu dem Holundersaft geben und gut verrühren.

8 Das Gemisch wird vorsichtig in Flaschen umgefüllt und möglichst lange an einem dunklen Ort gelagert, wo es dann vor Naschkatzen hoffentlich sicher ist.

Löwenzahn

Der Löwenzahn (Taraxacum officinale), lange Zeit als Unkraut geschmäht, erfreut sich in der Küche wieder steigender Beliebtheit.

Unverwüstlicher Löwenzahn

Erntezeit für den Löwenzahn, der zu jenen Kräutern gehört, die keine Winterruhe halten und selbst in der kalten Jahreszeit austreiben, ist praktisch das ganze Jahr über. Schon im zeitigen Frühjahr, nach milden Wintern ab Mitte Februar, sucht man an sonnigen Plätzchen die jungen, hellen Blätter. Bis in den Spätherbst hinein liefert das Kraut wohlschmeckenden Salat, aber auch als Gemüse ist Löwenzahn sehr delikat und vor allem sehr gesund.

> ### TIPP
>
> *Wenn Ihnen die Blätter pur zu bitter sind, können Sie sie vor dem Verzehr blanchieren oder mit einer heißen Sauce übergießen.*

Die Heilwirkung des Löwenzahn

Löwenzahn ist etwas vom Gesündesten, was Wald und Wiese uns bieten. Er ist immer noch das Beste für eine Entschlackungskur im Frühling, enthält er doch ungezählte Wirkstoffe wie die Vitamine B und C, Provitamin A, Kalium, Phosphor, Schwefel, Eisen, Bitter- und Schleimstoffe.

Aus der Antike ist keine Verwendung des Löwenzahns überliefert, aber seit dem Mittelalter kannte man seine starke harntreibende Wirkung und seinen Nutzen als Wundheilmittel. Bei Leber- und Gallenleiden und allen Arten von Hauterkrankungen leistete er Abhilfe. Die zerkleinerte und geröstete Wurzel diente zudem in Notzeiten als Kaffeeersatz.

Löwenzahnschnaps

Zutaten

*30 Löwenzahnblüten, am besten
im Frühjahr geerntet*

1 l Schnaps

Reifezeit: einige Wochen

1 Die jungen Löwenzahnblüten gut waschen und abtropfen lassen.

2 In eine weithalsige Flasche geben und mit dem Schnaps gut bedecken.

3 Die Flasche fest verschließen und einige Wochen ziehen lassen.

4 Dann den Ansatz durch ein Sieb in saubere Flaschen abgießen.

Löwenzahntee

Arzneilich genutzt wird die getrocknete Löwenzahnpflanze als Teezubereitung gegen Gallebeschwerden und bei allen Stoffwechselstörungen.

Für einen Aufguss zwei Teelöffel des getrockneten Heilkrautes (aus der Apotheke) mit einem Viertelliter kochendem Wasser aufbrühen. Zehn Minuten ziehen lassen, danach abseihen. Lauwarm schluckweise trinken.

Löwenzahn in der Küche

Ironischerweise bedurfte es der »Nouvelle Cuisine«, um den seit Urzeiten bekannten Löwenzahn für die Verwendung als Salat und Gemüse zu rehabilitieren. So taucht er jetzt im Frühjahr wieder in exquisiten Salatkompositionen auf. Kombinieren lässt er sich gut mit allen anderen Blattsalaten. Dazu passt eine kräftige Salatsoße mit Kräutern oder sogar eine Majonäse.

TIPP

Während man in der Küche die Löwenzahnblätter verwendet, bevorzugen wir für die Schnapsherstellung die Löwenzahnblüten.

Sirup und Honig

Zutaten

2 Hand voll Löwenzahnblüten

Mindestens 1 kg Zucker

Abgeriebene Zitronenschale

Kristalline Zitronensäure

Löwenzahn einmal anders

1 Die Löwenzahnblüten werden in einem Kochtopf knapp mit Wasser bedeckt und langsam zum Sieden gebracht.

2 Danach gießt man diesen mattgelben Sud durch einen Kaffeefilter in einen Messbecher ab.

3 Nun gibt man auf je einen Viertelliter entstandener Flüssigkeit ein Kilogramm Zucker, etwas Zitronenschale und ein bis zwei Teelöffel kristalline Zitronensäure und lässt das Gemisch in einem Stieltopf gut durchkochen.

4 Stoppt man den Kochprozess kurz bevor der Saft eingedickt ist, erhält man einen schönen, hellgelben Sirup mit Honiggeschmack. Diesen Sirup in der Erkältungszeit löffelweise einnehmen. In einer Flasche kann man ihn lange aufbewahren.

5 Lässt man den Sirup länger kochen, ist das Ergebnis ein sehr aromatischer, dunkel goldgelber Honig, der aufs Frühstücksbrot einfach köstlich schmeckt.

Sowohl den Sirup als auch den Honig kann man mit kochend heißem Wasser oder mit einem Kräutertee aufgießen und trinken.

Nadelbäume

Tanne und Kiefer

Von alters her liefern die immergrüne Tanne (Abies pectinata) und die Kiefer (Pinus silvestris) der Heilmittelindustrie eine ganze Menge wertvoller Wirk- und Bindestoffe. Beide werden vor allem wegen ihrer ätherischen Öle und Harze geschätzt.

Die Heilwirkung der Nadelbäume

Als hervorragende Heilmittel gelten Inhalationen und Bäder mit den ätherischen Ölen der Nadelbäume. Dampfbäder mit Tannennadeln helfen beispielsweise bei Katarrhen und Entzündungen des Rachenraums. Ein Korb voll frischer Tannenspitzen im Schlafzimmer verschafft Asthma- und Lungenkranken Erleichterung.

Die weiteste Verbreitung finden sicher das Fichtennadelbad und der Fichtennadelfranzbranntwein, der bei müden Beinen, Muskelkater oder zur generellen Durchblutungsförderung außerordentlich beliebt ist. Auch aus dem Harz der Lärche wird eine Salbe hergestellt, die, sanft in die Schläfen einmassiert, in hervorragender Weise Kopfschmerzen vorbeugt.

Das Harz der Nadelbäume, das Terpentin, bildet schließlich eine unverzichtbare Grundlage zahlreicher Produkte aus Körperpflege und Haushalt.

Unsere Beispiele auf der gegenüberliegenden Seite nutzen die Kraft der Tannen- und Kiefernnadeln. Im Frühjahr lohnt sich ein Ausflug in den Wald, um sie – mit der gebotenen Sorgfalt – zu sammeln.

Bitterer aus Tannennadeln

Zutaten

4 Hand voll junge Tannentriebe
Alkohol, wobei es sich je nach
Geschmack um Obstbranntwein,
Klaren oder einfachen Alkohol
handeln kann

Reifezeit: 1–2 Wochen

1 Pflücken Sie die jungen Tannentriebe am besten im Frühjahr, weil sie in dieser Zeit am aromatischsten sind.

2 Nach dem Pflücken lässt man die Tannentriebe einige Tage trocknen. Erst danach löst man die Nadeln ab.

3 Die Nadeln schüttet man in ein gut schließendes Gefäß und übergießt sie mit der entsprechenden Menge Alkohol, bis sie gut bedeckt sind.

4 Das Glas fünf bis sechs Tage in einem kühlen Raum, z.B. im Keller, stehen lassen.

5 Filtrieren Sie dann diese Flüssigkeit, und füllen Sie sie in eine neue Flasche um.

6 Jetzt ist die Essenz fertig, die zwar ein wenig bitter, aber außerordentlich aromatisch schmeckt. Man kann sie nach Belieben verdünnen, sei es durch neue Schnapszugabe, sei es mit destilliertem Wasser.

TIPP

Kiefernnadelbitter ist gut bei Verdauungsbeschwerden, aber auch bei grippalen Infekten. Besonders wirksam ist er in heißem Wasser aufgelöst am Abend vor dem Zubettgehen.

Kiefernnadelbitter

Zutaten

4 Hand voll Kiefernspitzen
1 l Alkohol, wobei es Ihrem Gusto
überlassen bleibt, ob Sie einen
Klaren, einen Obstler oder reinen
Alkohol wählen

Für die Grippezeit

1 Sammeln Sie im Frühjahr die frischen, aromatischen Kiefernspitzen.

2 Die Sprossen in eine weithalsige Flasche legen und mit Alkohol übergießen. Die Nadeln müssen gut von der Flüssigkeit bedeckt sein.

3 Man lässt das Ganze ein bis zwei Tage ziehen, bis die Flüssigkeit schön hellgelb geworden ist.

4 Die Essenz kann jetzt schon genossen werden, gewinnt aber durch längere Lagerung.

»Wald-Sirup«

Als vorzügliches Mittel gegen hartnäckigen Luftröhrenkatarrh, Heiserkeit, Husten und leichte Bronchitis gilt der »Wald-Sirup«.

Für seine Zubereitung werden in einem großen Kochtopf ein Kilogramm frische Kiefernsprossen in vier Litern Wasser gekocht, zwei Tage lang zugedeckt stehen gelassen und der Ansatz anschließend durch ein Tuch in einen zweiten Topf gepresst. Dieser Flüssigkeit setzt man ein Pfund Zucker und ein Glas Honig zu, lässt das Ganze noch einmal kurz aufkochen und füllt den Sirup noch warm in Gläser ab.

Fichte

Die Fichte (Picea abies) *ist auf der ganzen Nordhalbkugel verbreitet. In unseren Breiten zählt sie zu den am häufigsten vorkommenden Nadelbäumen. Mancherorts gibt es über tausend Jahre alte Fichten, deren Stamm über zwei Meter Durchmesser aufweist! Im Gegensatz zu den Tannen, mit denen sie oft verwechselt werden, sind die Nadeln der Fichten im Querschnitt rund. Die Tannennadeln bilden im Querschnitt ein flaches Rechteck. Auch an den Zapfen kann man die beiden Nadelbäume unterscheiden: Bei der Tanne stehen die Zapfen auf den Ästen, bei der Fichte hängen sie.*

Die Heilwirkung der Fichte

Schon Pfarrer Kneipp rühmte die Heilwirkung der Fichte und empfahl die lindernde Wirkung des ätherischen Fichtenöls bei Bronchialkatarrh. Er verwendete Fichtennadeln und die grünen Zapfen für wohltuende Bäder. Sie regen die Durchblutung der Haut an und helfen bei nervösen und anderen Schwächezuständen, nach erschöpfenden Krankheiten und Überanstrengungen ebenso wie bei Husten und Erkältung. Mehr als ein- bis zweimal in der Woche sollten die Bäder jedoch nicht angewendet werden.

TIPP

Fichtengeist wirkt lindernd bei Husten und Heiserkeit. Er sollte mehrmals täglich esslöffelweise eingenommen werden.

Fichtengeist

Zutaten
2 Hand voll junge Fichtentriebe
70 g Zucker
1 l Korn

Reifezeit: 5 Wochen

1 Die Triebe in eine weithalsige Flasche geben. Mit Zucker bedecken und mit Alkohol übergießen.

2 Die Flasche gut verschlossen für eine Woche an einen sonnigen Platz stellen.

3 An einem warmen, dunklen Ort muss die Essenz nun vier Wochen nachreifen.

4 Die Flüssigkeit filtrieren, in eine neue Flasche umfüllen und nach Belieben mit etwas Zucker nachsüßen.

5 Die Essenz kann jetzt schon genossen werden, gewinnt aber durch längere Lagerung.

Fichtensirup

Als hervorragendes Mittel gegen Husten und Heiserkeit gilt der Fichtensirup. Für seine Zubereitung sammelt man im Frühjahr junge Fichtentriebe. 500 Gramm junge Fichtentriebe in Einmachgläser füllen. Einen Liter Wasser mit zwei Kilogramm Zucker und zwölf Zitronenscheiben aufkochen, die Zitronenscheiben entfernen und den Sirup über die Fichtentriebe gießen. Die Gläser gut verschließen und zwei Wochen an einen sonnigen Platz stellen. Anschließend den Ansatz durch ein Tuch filtern, in Flaschen abfüllen und an einem kühlen Ort aufbewahren.

Lärche

Anders als die Weißtanne, die Kiefer und insbesondere die Latschenkiefer, die hoch in den Bergen angesiedelt ist, verliert die Lärche (Larix decidua) im Herbst ihre Nadeln. Man findet sie im Flachland ebenso wie in den Bergen. Im Herbst verleiht sie dem Bergwald seine goldgelbe Färbung.

Die Heilwirkung der Lärche

Die jungen Nadeln der Lärche sowie der Kiefer, Weißtanne und Fichte werden für die Herstellung von Hustensäften und Hustenbonbons verwendet. Franzbranntwein mit den Wirkstoffen der Nadelbäume kommt bei Sportlern zum Einsatz und bei Einreibungen zur Förderung der Durchblutung und allgemeinen Kräftigung. Beliebt sind die ätherischen Öle und Harze auch bei der Zubereitung von Salben und Inhalationen. Sie tragen zur Linderung von Erkältungskrankheiten bei Kindern bei und können bei Schnupfen und Husten inhaliert werden. Als besondere Heilmittel gelten das Terpentin (Harz) und das Terpentinöl. Die Salben mit diesen Wirkstoffen finden bei Hautverletzungen Verwendung sowie zur Linderung von Furunkeln und Geschwülsten.

TIPP

Ein wohlschmeckender Ansatz lässt sich nach dem nebenstehenden Rezept auch aus den jungen Blütenzäpfchen von Fichte, Tanne, Kiefer und Latschenkiefer bereiten. Das harzige, leicht bittere Aroma gibt ihm eine besondere Note. Mit ein wenig Kandiszucker lässt sich der Ansatz verfeinern.

Lärchengeist

Zutaten

1 Hand voll Lärchenzäpfchen
Dünn abgeschälte Schale einer unbehandelten Zitrone
1 l Korn
70 g brauner Kandiszucker

Reifezeit: 8 Wochen

1 Sammeln Sie die roten, aufrechten Zäpfchen, die sich gleich nach dem Nadelaustrieb bilden.

2 Die Zäpfchen und die Zitronenschale in eine weithalsige Flasche füllen und mit Alkohol übergießen. Die Zäpfchen müssen gut mit Alkohol bedeckt sein.

3 An einem warmen, hellen Ort sechs Wochen ziehen lassen.

4 Danach die Flüssigkeit abseihen, mit Kandiszucker verfeinern und auf eine saubere Flasche ziehen. Den Lärchengeist dabei gut durchschütteln, damit sich der Zucker nicht absetzt.

5 Man lässt die Essenz weitere zwei Wochen im Keller reifen und genießt sie dann in kleinen Schlückchen.

Man kann den Lärchengeist auch tropfenweise auf einem Stück Würfelzucker oder auch mit ein wenig heißem Wasser verdünnt einnehmen. Das Terpentinöl der Lärche wirkt nicht nur bei Husten und Bronchitis – es ist auch stimmungsaufhellend. Naturheilkundige empfehlen bei Stress deshalb einen langen Spaziergang in einem Lärchenwald.

Preiselbeere

Die Preiselbeere (Vaccinium vitis idaea) hat viele Namen und wird je nach Gegend auch Dutten-, Grandel-, Graslatz- oder Kronsbeere genannt. Wie ihre Schwester, die Heidelbeere, gedeiht sie in Wald, Moor und Heide und am liebsten dort, wo sonst nichts wächst.

Beliebte Zubereitungen

Im Herbst, wenn die Früchte reif sind, ist die Preiselbeere nicht zu übersehen. Obwohl der immergrüne Strauch sehr niedrig ist, trägt er leuchtend roten Beeren. Preiselbeeren roh zu verzehren lohnt nicht – doch als Kompott, Mus, Marmelade und Konserve, und ganz besonders als Likör, Wein, Branntwein und Saft sind sie köstlich!

TIPP

In der guten Küche sind die eingelegten Beeren als Beilage zu Wildbraten, Geflügel und Sauerbraten unentbehrlich.

Preiselbeeren mit Birnen

Auf 2 Kilogramm Preiselbeeren kocht man 1 Kilogramm Zucker sowie pro Kilogramm Zucker 2 Liter Wasser, schöpft den Schaum gut ab und gibt dann die Beeren und 1 Kilogramm geschälte, entkernte und in Viertel geschnittene Kochbirnen hinein.

20 Minuten Kochzeit genügen, um das Obst zu garen, wobei die Birnen nicht zu weich sein brauchen. Man nimmt das Obst mit einem Schaumlöffel aus dem Kochtopf und gibt es in Gläser oder in Steintöpfe. Den Saft lässt man noch etwas einkochen und gießt ihn dann dazu. Nach dem Erkalten werden die Gefäße mit Pergamentpapier geschlossen. Eine ideale Beilage!

Preiselbeerlikör

Zutaten

1 kg Preiselbeeren

1 l Alkohol (96 %)

250 g Zucker

1 l Wasser

Reifezeit: einige Wochen

1 Die Preiselbeeren werden verlesen, gewaschen, abgetropft und mit einer Gabel zerdrückt.

2 Man gibt sie mit dem Alkohol in ein weithalsiges großes Glas, das man einige Wochen lang gut verschlossen in der Sonne stehen lässt, so lange nämlich, bis die Beeren »bleichgesichtig« geworden sind.

3 Anschließend holt man das Glas in die Küche. Den Zucker kocht man in einem Topf mit einem Liter Wasser, bis ein Sirup entstanden ist, den man auskühlen lässt.

4 Der Beerenansatz wird durch ein Tuch in eine Schüssel gefiltert und die Flüssigkeit mit dem abgekühlten Sirup gut verrührt.

5 Den fertigen Preiselbeerlikör auf Flaschen ziehen. Auch dieser köstliche Trank gewinnt mit der Lagerung.

Tipp für die Zubereitung: Wodka und Gin eignen sich hervorragend für die Kombination mit kräftigen Beeren wie der Preiselbeere, der Schwarzen Johannisbeere oder auch der Brombeere, da sie kaum Eigengeschmack haben und das Aroma der Früchte auf sanfte Art betonen.

TIPP

Preiselbeeren werden in einem kalten Wasserbad vorsichtig gewaschen, damit sie nicht zerdrücken. Nur makellose pralle Früchte verwenden. Anschließend schöpft man sie auf Frottee- oder Haushaltstücher, damit sie gut abtropfen können.

Preiselbeerwodka

Zutaten

1 kg sehr reife Preiselbeeren

1/2 l Wasser

500 g Zucker

1 l Wodka

Reifezeit: 5 Wochen

1 Die reifen Preiselbeeren werden verlesen, gewaschen und gut abgetropft.

2 Nun schüttet man sie in ein großes Glas und übergießt sie mit dem Wodka.

3 Man lässt das Glas, das gut verschlossen sein muss, zwei bis drei Wochen an einem warmen Ort stehen, bis die Beeren ihre rote Farbe verloren haben.

4 Dann holt man das Gefäß in die Küche und filtert den Beerenansatz durch ein Tuch in ein zweites großes Glasgefäß.

5 Aus einem halben Liter Wasser und 500 Gramm Zucker bereitet man einen Sirup, lässt ihn erst etwas abkühlen und gießt ihn dann zu der Flüssigkeit. Zum Schluss wird alles gut vermischt.

6 Das Ganze lässt man vor der Weiterverarbeitung nochmals 14 Tage stehen.

7 Danach filtert man den Preiselbeerwodka, zieht ihn auf Flaschen und lässt ihn weiter ruhen, so lange es die Neugierde auf diese Köstlichkeit zulässt.

Quitte

Obwohl aus der Quitte (Cydonia oblonga) *herrliche Kompotte, Gelees, Pasten, Obstweine und Liköre gemacht werden können, findet sie heute nur noch selten Verwendung.*

Zu Unrecht vergessen

Noch im Mittelalter freilich war sie so hoch geschätzt, dass man eine Quittenpaste aus dem französischen Orleans als ein angemessenes Geschenk für Könige erachtete. Schuld an dem Wertewandel hat wohl die Einführung des Zuckerrohrs, denn seither gilt die Quitte als zu herb, um roh gegessen zu werden.

In früheren Zeiten, als man noch weniger »zuckersüße« Speisen kannte, wurden die hellgelben Früchte mit dem zarten Flaum dagegen sehr gerne auch frisch gegessen. Die Quitte galt sogar als »nützlichste aller Früchte«.

Die Heilwirkung der Quitte

Als Heilmittel bei Hals-, Magen- und Lungenkrankheiten und bei Entzündungen der Magen- und Darmschleimhaut wurden die Quitten häufig verwendet. So wurde eine Abkochung der Früchte bei Durchfall und Blutspeien und ihr Saft bei Hals- und Brustbeschwerden, bei Bronchial- und Lungenkatarrh gegeben.

Ein altes Hausmittel gegen Bronchitis empfiehlt: 10 Gramm zerstoßene Quittenkerne mit etwa 200 Gramm Wasser ansetzen. Dann mit Spitzwegerich-Sirup vermischen und in eine Flasche abfüllen.

> ### TIPP
>
> *Beim Kauf müssen Sie darauf achten, dass die Früchte wirklich reif sind und duften. Die birnenförmigen Früchte sind aromatischer als die runden Apfelquitten.*

Quittengelee

Zutaten
Gut 2 kg reife Quitten
Zucker

Zum Toast oder würzigen Käse

Wir möchten Ihnen den einzigartigen Geschmack der Quitte nicht nur im Likör näherbringen. Deshalb finden Sie hier ein Rezept für ein leuchtend goldgelbes, köstliches Quittengelee!

1 Reiben Sie die Früchte mit einem Tuch ab. Dann schneiden Sie die Quitten auf, entfernen das Kerngehäuse und schneiden die Früchte in möglichst kleine Stückchen.

2 Die Stückchen geben Sie in einen Topf mit so viel Wasser, dass es eine Hand breit über den Quitten steht. Die Quitten werden langsam gekocht, bis sie richtig weich sind.

3 Wiegen Sie eine große Schüssel. Legen Sie dann ein Sieb darüber, und schütten Sie die Quitten und die Kochflüssigkeit hinein. Wiegen Sie aus, wieviel Saft in der Schüssel ist.

4 Den reinen und durchsichtigen Saft seihen Sie durch ein Mulltuch in einen großen Topf ab. Zum Einkochen nimmt man auf je 500 Gramm Saft 500 Gramm Zucker und kocht beides zu einem klaren Gelee.

5 Das fertige Gelee erkennt man daran, dass eine Probe schwer vom Löffel tropft.

6 In sauber ausgewaschene und vorgewärmte Einmachgläser abfüllen.

TIPP

Vom Quittenlikör sagt man, dass er die Haut klärt und frisch und rein aussehen lässt.

Quittenlikör

Zutaten
1 kg Quitten
1 l Weingeist
250 g Zucker
1 Kaffeelöffel Zimt
4 bittere Mandeln
Saft einer Zitrone
1 l Wasser

Reifezeit: mind. 6 Wochen – möglichst noch länger

1 Die Quitten werden mit einem feuchten Tuch von ihrem feinen »Pelz« befreit, ebenso vom Kerngehäuse. Anschließend hackt man sie ganz fein.

2 Mit dem Zimt, den zerkleinerten bitteren Mandeln, dem Zitronensaft und dem Weingeist werden die Fruchtstückchen in ein großes Glas gefüllt.

3 Dieses lässt man an einem sonnigen Plätzchen stehen.

4 Nach ca. sechs Wochen holt man das Gefäß in die Küche und seiht den Ansatz durch ein Tuch in eine Schüssel.

5 Aus dem Zucker und dem Wasser stellt man einen Sirup her, der nach dem Abkühlen mit der Quittenlösung vermischt wird.

6 Man füllt den fertigen Quittenlikör in Flaschen ab und lässt das Getränk möglichst lange stehen.

Schmeckt nach zwei Jahren besser als nach einem!

Quitte

Schlehe

Schlehenfrüchte (Prunus spinosa) auf dem Markt zu bekommen ist gar nicht so leicht. Am besten ist deshalb, man sammelt sie selbst.

Zur Ernte

Man findet die blauen Steinfrüchte in sonnigen Gebüschen an Waldrändern, an Wegen und auf Höhenzügen, wo sie einen durchdringenden, sauren Geruch verströmen. Erst im vollreifen Zustand im späten Herbst erhalten die Schlehen ihr Aroma, das etwas an die Bittermandel, an die Kirsche und vor allem an die Pflaume erinnert.

Die Heilwirkung des Schlehdorns

Als Heilmittel wird der Schlehdorn seit alters her geschätzt. Man verwendet die Blüten in Blutreinigungs- und Entschlackungstees und bereitet aus ihnen einen Tee, der leicht abführend, harntreibend und schweißtreibend wirkt.
Ein Mus aus den Früchten gilt als Stärkungsmittel und wird gern nach überstandenen Krankheiten verabreicht. Dafür die zerkleinerten Früche weich kochen, passieren und mit Zuckersirup (Seite 18) vermengen. In Einmachgläser füllen.

> **TIPP**
>
> *Schlehenfrüchte sollten Sie nach dem ersten Frost sammeln; dann haben sie das beste Aroma.*

Schlehenlikör

Zutaten

1 kg reife Schlehenfrüchte
1 l Weingeist
250 g Zucker
1 Vanillestange

Reifezeit: einige Monate

1 Die Schlehenfrüchte werden gut verlesen und kurz, aber gründlich gewaschen. Auf Küchenpapier abtropfen lassen.

2 Die Früchte werden zusammen mit dem Weingeist in ein gut schließendes Gefäß gefüllt.

3 Sechs bis acht Wochen im Schatten stehen lassen.

4 Den Ansatz in eine Schüssel filtern.

5 Den Zucker kocht man in einem Topf ca. eine Viertelstunde lang mit einem Liter Wasser und mischt den so entstandenen Sirup mit dem Ansatz.

6 In saubere Flaschen abfüllen, die man gut verschließt und an einem ruhigen, dunklen Platz einige Monate oder länger lagert.

Schlehdornblütentee

Man übergießt ein bis zwei Teelöffel der getrockneten Blüten (aus der Apotheke) mit einer Tasse heißem Wasser und seiht die Mischung nach zehn Minuten ab. Davon trinkt man zwei Tassen über den Tag verteilt.

Gesammelte Früchte aus Wald und Flur

Vogelbeere

Die Gemeine Vogelbeere oder Eberesche findet man auf jedem Boden und selbst in rauem Klima. Sie wächst auch in nördlichen Gefilden und in Skandinavien bis hinauf nach Norwegen und Island. Die Vogelbeere gehört zur Familie der Rosengewächse und ist nicht zuletzt wegen ihrer leuchtend roten Beeren ein beliebter Zierstrauch.

Die Mährische Eberesche

Als besondere Spezialität gilt die Mährische Eberesche (*Sorbus aucuparia var. edulis*), deren Früchte nicht so bitter sind und größer werden als die der gewöhnlichen Vogelbeere. Die Früchte ergeben ein hervorragendes Gelee und wohlschmeckende Kompotte und Marmeladen und spielen die Hauptrolle in unserem Rezept.

Die Heilwirkung der Vogelbeere

Auch in der Volksmedizin finden die Vogelbeeren Verwendung. Der frische oder mit Zucker eingekochte Saft reinigt das Blut und wird als Mittel bei Gicht und Rheuma, bei Durchfall, Stein- und Harnbeschwerden verabreicht. Die Früchte sollen außerdem bei Katarrh, Heiserkeit und Husten helfen.

TIPP

Geröstet und gemahlen finden Vogelbeeren sogar als Kaffee-Ersatz, der besser als Zichorie schmecken soll, Verwendung.

Mährischer Trank

Zutaten

250 g Ebereschenbeeren bzw. Vogelbeeren
1 l Alkohol
1 1/4 l destilliertes Wasser (aus der Apotheke)
1 1/4 kg Zucker

Reifezeit: 8–10 Wochen

1 Die Ebereschenbeeren werden verlesen und gewaschen. Auf Küchenpapier abtropfen lassen.

2 Inzwischen hat man sich in der Apotheke das destillierte Wasser besorgt.

3 Man schüttet die Beeren in ein großes, weithalsiges Glas und übergießt sie mit dem Alkohol und dem Wasser.

4 Das Glas eine Woche in der Sonne stehen lassen.

5 Danach den Ansatz in eine Schüssel abseihen. Die aufgefangenen Beeren durch ein Tuch in eine zweite Schüssel auspressen und diesen Saft nochmals durch einen Filter zu der ersten Flüssigkeit geben.

6 In einem Topf den Zucker in einem halben Liter Wasser lösen und zu einem Sirup aufkochen lassen.

7 Das Beerensaft-Alkohol-Gemisch dazugeben und gut verrühren.

8 In Flaschen abfüllen. An einen dunklen Ort stellen, wo sie mindestens acht Wochen bleiben sollten.

Wacholder

Gesammelte Früchte aus Wald und Flur

Hierzulande findet man zwei Wacholder-arten: den niedrigen, eng am Boden wachsenden Wacholder (Juniperus nana) der Alpen und den baumartigen Wachol-der der Ebene. Als heilkräftig gilt vor allem der Wacholder der Ebene (Juni-perus communis).

Heilwirkung der Wacholderbeere

Seit alters her wird der immergrüne Strauch als Heilpflanze geschätzt; schon die Ärzte der Antike lobten ihn über alle Maßen. Hippokrates verwendete eine südländische Wacholderart äußerlich zur Behandlung von Wunden und Fisteln und als innerliches Mittel zur Geburtsbe-schleunigung. Dioskurides hingegen pries die wassertreibende Kraft der Heilpflan-

TIPP

In der Likörindustrie finden die heilkräf-tigen Beeren Verwen-dung im Gin, »Stein-häger« und »Gene-ver«.

ze. Auch als Räuchermittel zur Reinigung der Luft gegen Ungeziefer und die Pest war Wacholder weit verbreitet.

Kneipps Walcholder-Magenkur

Diese Kur empfiehlt Pfarrer Kneipp: »Den ersten Tag sollen sie mit 4 Beeren beginnen, den zweiten Tag mit 5 Beeren fortfahren, den dritten Tag sollen sie 6, den vierten 7 Beeren kauen und so mit Tagen und Beeren bis auf 12 (Tage) und 15 (Beeren) auf- und dann wieder auf 5 Beeren heruntersteigen, beim Absteigen jeden Tag eine Beere auslassend. Viele kenne ich, deren gasgefüllter und infolge-dessen geschwächter Magen durch diese einfache Beerenkur gelüftet und gestärkt wurde.«

Wacholderschnaps

Zutaten

Eine Hand voll Wacholderbeeren

1 l Schnaps

Reifezeit: 2 Wochen

1 Die frisch gepfückten Beeren werden verlesen und in der Sonne ein paar Tage getrocknet.

2 Danach zerstößt man die Beeren in einem Mörser, gibt sie in eine weithalsige Flasche und übergießt sie mit dem Schnaps.

3 Man lässt die Flasche ein bis zwei Wochen an einem kühlen Ort, z.B. im Keller stehen.

4 Nach dieser Zeit gießt man den Ansatz durch ein Tuch in eine Schüssel und füllt ihn anschließend in Flaschen ab. Der Wacholderschnaps wird mit längerer Lagerung immer noch besser.

TIPP

Der herbe Wacholderschnaps ist sehr aromatisch und wohlschmeckend, außerdem eine Wohltat für einen übersättigten Magen.

Wacholderbeeren in der Küche

Sehr beliebt sind die Wacholderbeeren auch als Küchengewürz. Besonders in den Berg- und Heidegebieten, in denen der Strauch wächst, in Italien, Mittelfrankreich, der Provence und den Alpenländern finden sie häufig Verwendung. Man benutzt sie zu Marinaden für Wildschwein, Schwein, zu Reh und Hirsch und als Füllung von Huhn. Hierzulande sind sie ein beliebtes Würzmittel für Sauerkraut, Fischsud und Fischmarinaden. Die aromatischsten Beeren kommen aus der Toskana und den ungarischen Karpaten.

Wohltat aus dem hohen Norden

Schon beim Durchlesen der Zutatenliste für diesen würzigen Schnaps – nach einem Originalrezept aus dem hohen Norden – durchzieht uns eine wohlige Wärme: Kardamom und Rosinen zusammen mit dem sanften Cognac und Kirschsaft lassen von gemütlichen Kaminabenden im Winter träumen.

Isländer Schnaps

Zutaten

15 g Wacholderbeeren, frisch oder getrocknet

2,5 g Kardamom

10 g Rosinen

200 ml Alkohol

1 Schnapsgläschen Cognac

60 ml Kirschsaft

250 ml Wasser

1 Tropfen Bittermandelöl

Reifezeit: 3 Wochen

1 Mischen Sie in einem großen Glasgefäß alle obigen Zutaten und rühren Sie kräftig um.

2 Das Gefäß stellen Sie zwei bis drei Wochen an einen warmen Ort.

3 Anschließend den Ansatz durch ein Sieb filtrieren und in Flaschen abfüllen.

4 Vor dem Probieren können Sie den Schnaps noch einige Tage ruhen lassen.

Waldmeister

Der Waldmeister (Asperula odorata), auch Sternleberkraut, Waldmännchen und Herzfreude oder Herzfreund genannt, zählt zu den mehrjährigen Rötegewächsen. Die Pflanze mit den weißen Blüten wächst in schattigen Laubwäldern und ist in Europa heimisch. Getrocknet verströmt die Pflanze einen köstlichen Duft nach frischem Heu. Das Kraut wird hauptsächlich als Würze für die so genannte Maibowle verwendet und als Beigabe zu wohlschmeckenden Kräutertees. Waldmeister lässt sich leicht im eigenen Garten ziehen – er bevorzugt ein schattiges Plätzchen unter Bäumen. Die Vermehrung erfolgt im Frühjahr über Wurzelteilung, die Aussaat über Samen hingegen ist nicht zu empfehlen.

TIPP

In Frankreich wird die Maibowle mit Champagner angesetzt, in der Schweiz mit Cognac oder Bénédictine. Die Amerikaner bevorzugen für ihren Punsch eine Mischung aus Wein, Branntwein und Bénédictine.

Die Heilwirkung des Waldmeisters

Das im Waldmeister enthaltene Kumaringlykosid wirkt beruhigend, blutreinigend und leicht schweiß- und harntreibend. Ein wohlschmeckender Aufguss lässt sich aus folgender Mischung bereiten: Das vor der Blüte gepflückte und getrocknete Waldmeisterkraut mit den getrockneten Blättern von schwarzer Johannisbeere, Brombeere, Melisse und Pfefferminze mischen, mit Wasser aufsetzen (ein bis zwei Teelöffel pro Tasse) und täglich zweimal trinken. Pfarrer Kneipp empfahl zur Blutreinigung einen Tee aus Waldmeister und Erdbeerblättern. Früher wurde auch empfohlen, das zerquetschte Kraut bei Kopfschmerzen und Ausschlägen auf die Haut zu legen.

Waldmeisterlikör

Zutaten

15 frische Waldmeisterstängel

1 l Korn

100 g Zucker

Reifezeit: 11 Wochen

1 Waldmeister und Korn in ein gut schließendes Gefäß füllen und für drei Wochen an einen warmen, schattigen Platz stellen. Danach in eine Schüssel filtern.

2 Den Zucker unterrühren, in Flaschen füllen und dunkel lagern.

Waldmeistersorbet

Zutaten

400 ml Wasser

160 g Zucker

15 frische Waldmeisterstängel

Saft und Schale von einer

unbehandelten Zitrone

1 Eiweiß

Gefrierzeit: 6 Stunden

1 Wasser und Zucker zu einem Sirup kochen, vom Feuer nehmen und den Waldmeister so hineinhängen, dass nur die Blüten im Sirup liegen. Eine Stunde ziehen lassen.

2 Waldmeister herausnehmen und Zitronensaft und -schale zufügen.

3 3 Stunden gefrieren lassen, dabei stündlich einmal durchrühren. Eiweiß schlagen und unters Eis ziehen. Weitere 3 Stunden gefrieren lassen.

TIPP

Getrocknete Waldmeisterbüschel hat man früher in Schränke und Schubladen gelegt, um Motten fernzuhalten.

Waldmeisterbowle

Zutaten

7 frische Waldmeisterstängel

1/2 l trockener Weißwein

250 ml frisch gepresster Orangensaft

Saft von einer Limette

150 g Erdbeeren

200 ml Ginger Ale

90 ml Weinbrand

15 Borretschblüten

Kalt servieren

1 Waldmeister eine Stunde in eine Schüssel Wasser legen. Wasser abgießen und den Waldmeister mit Wein, Orangen- und Limettensaft übergießen. Eine Stunde ziehen lassen.

2 Erdbeeren putzen und waschen. Auf Küchenpapier abtropfen lassen. Die Früchte vierteln und in ein Bowlengefäß geben.

3 Die Wein-Waldmeister-Mischung abseihen und zu den Erdbeeren geben. Die Mischung gut abdecken und eine Stunde kalt stellen.

4 Ginger Ale und Weinbrand dazugeben, die Bowle mit den Borretschblüten bestreuen.

Die richtige Dosierung

Für den typischen Geruch des Waldmeisters ist der Kumaringehalt verantwortlich. In geringer Dosierung wirkt das Kraut beruhigend und lindernd bei Kopfschmerzen. Nimmt man jedoch zu viel, kann es die gegenteilige Wirkung haben und Kopfschmerz und Schwindel verursachen. Deshalb gilt hier nicht: »Viel hift viel«. Nehmen Sie lieber weniger Waldmeister, wenn Sie empfindlich reagieren.

Walnuss und Haselnuss

Gesammelte Früchte aus Wald und Flur

Die Walnuss (Juglans regia) *ist so alt, dass niemand weiß, woher sie eigentlich stammt. Manche sagen, sie komme ursprünglich aus Persien, aber auch in China und im Orient kannte man sie.*

Traditionsreicher Anbau

In der Antike kultivierte man bereits Haselsträucher. Den alten Griechen galten Nüsse als Fruchtbarkeitssymbol, und zu Zeiten Jesus von Nazareth wuchsen sie am See Genezareth. Man sagte auch, dass die dunkle Kleidung von Jesus mit dem Saft ihrer Rinde und Blätter gefärbt worden sei.

Die Römer betrachteten die Walnuss als Luxusartikel, den sie mit Früchten zum Dessert aßen. Sie waren es auch, die die

---

TIPP

Die Walnüsse sind im Juli am besten zu ernten, dann nämlich, wenn ihre Schalen noch dick und grün sind, die darin enthaltenen Nüsse sich aber mit dem Messer noch gut teilen lassen.

Walnuss nach Mittel- und Nordeuropa brachten, lediglich auf die britischen Inseln gelangte sie erst im späten 15. Jahrhundert. Im Mittelalter gab es jedoch keinen planmäßigen Anbau, man erntete vorwiegend die Nüsse wilder Sträuche.

Die Heilwirkung der Walnuss

In der Volksmedizin verwendet man allerdings nicht die wohlschmeckenden Nusskerne, sondern die Blätter des Walnussbaums für Abkochungen und Tees. Die in ihnen enthaltenen Gerbstoffe wirken wohltuend bei allen Entzündungen der Schleimhäute, bei Ekzemen und bei Milchschorf von Säuglingen. Ein Aufguss aus Walnussblättern soll bei Fußschweiß und Hämorriden helfen.

Die Haselnuss

Die Wildhasel (*Corylus avellana*) ist ein ziemlich großer Busch mit rundlichen oder breiteren, ovalen gesägten Blättern, der in Wäldern, Gebüschen und Feldhecken wächst. Auch im übrigen Europa, im Mittleren Osten, in Asien und sogar Nordamerika ist er zu finden.

Obwohl eine der süßesten Nussarten, ist die Haselnuss unaufdringlich und zurückhaltend im Geschmack. Sie zählt zu den beliebtesten Nüssen, nicht nur beim Menschen, sondern auch bei Vögeln und Eichhörnchen. In der Küche findet sie reichlich Verwendung.

HERKUNFT DER HASELNUSS

Die eigentliche Heimat der Haselnuss ist ebenfalls schwer zu bestimmen. Man weiß jedoch, dass Haselnüsse die ganze Steinzeit hindurch die nach Eicheln meistverzehrten Nüsse waren.

Polnischer Walnussschnaps

Zutaten

10 grüne Walnüsse

1/2 l Wodka

Reifezeit: 3–5 Wochen

1 Die Walnüsse in Stücke schneiden und in einem Glasgefäß mit dem Wodka übergießen. Gut verschließen.

2 Das Gefäß lässt man einige Wochen an der Sonne stehen, bis die Flüssigkeit ganz dunkel geworden ist.

3 Man gießt den Ansatz durch einen Filter in eine saubere Flasche. Dabei möglichst nicht schütteln, um die Klärung nicht zu behindern.

Zum Verzehr sollte man diese Essenz verdünnen, da sie sonst zu herb schmeckt. Der polnische Walnussschnaps ist ein idealer »Ausputzer« bei übersättigtem Magen.

Haselnusslikör

Zutaten

1 kg frische Haselnüsse

1 l Weingeist

250 g Zucker

Je 1 Kaffeelöffel Nelkengewürz

und Zimt

Schale einer unbehandelten Orange

Reifezeit: 5 Wochen

1 Die Haselnusskerne hackt man in kleine Stücke und füllt sie in ein großes Glas. Den Weingeist gießt man darüber.

2 Das gut verschlossene Glas stellt man vier Wochen an die Sonne und vergisst nicht, es täglich zu schütteln.

3 Nach vier Wochen schöpft man die Nusskerne heraus, gibt Zimt, Nelkengewürz und Orangenschale zum Weingeist und lässt das Glas nochmals eine Woche stehen.

4 Danach kocht man den Zucker mit einer beliebigen Menge Wasser auf (Seite 18), je nachdem, wie stark konzentriert man den fertigen Likör haben möchte. Man sollte jedoch mindestens einen halben Liter Wasser auf die angegebene Alkoholmenge verwenden.

5 Diese Zuckerlösung lässt man etwas abkühlen und gibt sie dann zu dem Nuss-Gewürz-Ansatz. Gut verrühren.

6 Den fertigen Likör filtert man in Flaschen ab.

Weißdorn

*Der Weißdorn (Crataegus oxyacantha)
wächst an Straßen, Eisenbahndämmen
und Waldrändern. Sein sperriger Wuchs
und die Dornen an den Zweigspitzen
haben ihm den Namen gegeben. Die
weißen Blüten des Weißdorns erscheinen
von Mai bis Juni und verströmen einen
unangenehmen Duft. Im Herbst schmü-
cken rote kugelige Früchte die Sträucher.*

Die Heilwirkung des Weißdorns

Der Weißdorn zählt zu den bedeutendsten Heilpflanzen unserer Zeit. Zwar weiß
schon der griechische Gelehrte Dioskurides von ihm zu berichten, ebenso wie
die Kräuterbücher des Mittelalters. Doch
seine eigentliche Heilkraft wird erst im
19. Jahrhundert entdeckt. Seither gilt der
Strauch als eine der wichtigsten Heilpflanzen bei den verschiedensten Herz-
und Kreislauferkrankungen. So hilft er
bei Herzinsuffizienz und senkt erhöhten
Blutdruck. Er wirkt beruhigend und
herzstärkend. Eine Kur mit Weißdorntee
sollte mindestens vier Wochen dauern.
Dabei trinkt man täglich zwei bis drei
Tassen des Aufgusses. Weißdorngeist genießt man in kleinen Schlucken zur Ner-
venstärkung.

> ### TIPP
>
> *Die Blüten und Blät-
> ter des Weißdorns
> können als Gemüse
> oder Salat zubereitet
> werden. Aus den
> Früchten lässt sich
> mit etwas Zitronen-
> saft ein Gelee berei-
> ten.*

Weißdorngeist

Zutaten

300 g frische Weißdornbeeren

1 Vanilleschote

1 unbehandelte Orange

Schale einer unbehandelten Zitrone

1 l Obstler

Reifezeit: 10–12 Wochen

1 Verwenden darf man nur makellose, reife Beeren.

2 Die frisch gepflückten Beeren verlesen, gründlich waschen und gut
abtrocknen. Zusammen mit der aufgeschnittenen Vanilleschote, der in
Scheiben geschnittenen Orange und
der Zitronenschale in eine weithalsige
Flasche füllen.

3 Die Mischung mit dem Obstler
übergießen und gut verschließen.

4 Man lässt die Flasche vier Wochen
an einem hellen, sonnigen Platz
stehen und schüttelt den Ansatz in
dieser Zeit gelegentlich gut durch.

5 Danach alles durch ein Tuch in
eine Schüssel seihen und die
Früchte mit Hilfe des Tuches gut auspressen.

6 Die Flüssigkeit in Flaschen füllen
und vor dem Genuss weitere sechs
bis acht Wochen lagern.

Teerezept

Einen Teelöffel getrocknete Blüten und
Blätter mit einem Viertelliter kochendem
Wasser aufbrühen. Zehn Minuten ziehen
lassen, danach abseihen.

Winterlikör

Skandinavien, Norddeutschland und Russland traditionell beim Backen benutzt. Auch die Araber lieben Kardamom. Kardamom verleiht dem arabischen Kaffee seinen einzigartigen exotischen Geschmack. In Nordindien und Pakistan würzt er Currys und Pilaws. In Deutschland braucht man ihn für die Zubereitung einiger traditioneller Wurstsorten. Fürs Weihnachtsgebäck ist er unentbehrlich. Kardamom sollte man nie gemahlen kaufen, da der Gehalt an ätherischem Öl schnell verfliegt. Für den Vorrat erwirbt man die geschlossenen Samenkapseln.

Wenn draußen Kälte und Schnee herrschen, entfaltet dieser Likör seine kräftigende, belebende Wirkung. In Maßen genossen, weckt er die Lebensgeister und steigert das Wohlbefinden. So soll insbesondere der Wacholder widerstandsfähig und vital machen. Seit Jahrhunderten wird er von vielen Völkern geschätzt. Der italienische Kräuterheilkundige Matthioli berichtet im 16. Jahrhundert, dass »die alten Hexen und Wettermacherin damit viel Zauberey und Abenthewer üben«. Als kräftigendes Antiseptikum wirkt die Gewürznelke. Ihr ätherisches Öl ist vielen Leuten vom Zahnarztbesuch bekannt. Wohltuend und befreiend wirken auch Anis, Fenchel und Zimt.

Kardamom in der Küche

Das aus Asien stammende Gewürz kam bereits zu Zeiten der Griechen und Römer über die Karawanenstraße nach Europa. Es heißt, das Gewürz sei schon 700 v. Chr. in den königlichen Gärten Babylons angebaut worden. Kardamom schmeckt ausgesprochen mild, sein Aroma erinnert ein wenig an Eukalyptus. Er findet bei der Likörherstellung Verwendung und wird vor allem in Nordeuropa,

> ### TIPP
>
> *Zum Aufwärmen nach einem Winterspaziergang schmeckt ein Schuss Winterlikör im heißen Kaffee, den man noch mit einer Sahnehaube krönt.*

Winterlikör

Zutaten

1 TL Anissamen
1 TL Wacholderbeeren
1 TL Fenchelsamen
1 TL Koriander
1 TL Kümmel
1 Prise Kardamom
4 Gewürznelken
1 Zimtstange
Dünn abgeschälte Schale einer unbehandelten Mandarine
170 g weißer Kandiszucker
700 ml Korn (40 %)

Reifezeit: 8 Wochen

1 Alle Zutaten in ein geeignetes Glasgefäß geben.

2 Das Gefäß acht Wochen lang in die Sonne stellen – vergessen Sie nicht, es gelegentlich gut zu schütteln.

3 Die Flüssigkeit durch ein feines Tuch in eine Flasche abgießen und diese gut verschließen.

Pflanzen aus Garten und Handel

Viele Obstsorten eignen sich vorzüglich zur Herstellung aromatischer Schnäpse und Liköre, die meist ein süßliches Aroma haben. Hier kommt es also weniger auf eine Heilwirkung an als auf den angenehmen Geschmack! Obst ist als gesunder Vitaminspender jedoch nicht zu unterschätzen. Als heimische Früchte verwenden wir hier die Erdbeere und die Kirsche, die zu Recht viele Liebhaber haben. Ansonsten greifen wir auf Südfrüchte zurück. Größter Vorteil der Übersee-Importe: Sie sind praktisch das ganze Jahr über im Handel.

Ananas

Ursprünglich stammt die Ananas (Ananas comosus) *wohl aus Südbrasilien und Paraguay, doch war sie bereits vor der spanischen Eroberung der Neuen Welt als Kulturpflanze der Indianer weit über Süd- und Mittelamerika verbreitet.*

Eine lohnende Entdeckung

Die Indianer hängten sie als Zeichen der Gastlichkeit neben die Türen ihrer Hütten, und Ananashecken dienten dazu, ihre Dörfer vor ungebetenen Gästen zu schützen.

Auch die Europäer waren rasch voll des Lobes über die Ananas. So schrieb der Jesuitenmissionar José de Acosta 1578 in seinem Werk »De natura novi orbis«, sie sei »von erfreulichem Geschmack, saftig und süß und scharf zugleich«, und Jean de Léry pries sie als so überaus köstlich, »dass Götter darin schwelgen könnten und sie würdig wäre, nur von der Hand einer Venus gepflückt zu werden«.

Auch heute noch isst man die Ananas wegen ihres angenehm erfrischenden Geschmacks, pur als Obst, eingelegt als Dessert oder gepresst als leckeren Saft. Die Frucht enthält Mineralstoffe, Vitamin C und verdauungsfördernde Enzyme.

TIPP

Die Ananas großzügig schälen und ihre braunen »Augen« mit einem spitzen Küchenmesser ausstechen.

Ananastrunk

Zutaten

1/4 Ananasfrucht	
1/2 l Alkohol	
3/4 l Wasser	
250 g Zucker	

Reifezeit: 2–3 Wochen

1 Für den Ananastrunk brauchen Sie nur ein Viertel einer nicht zu kleinen, sehr reifen und daher hocharomatischen Ananas. Die Frucht sorgfältig schälen und das Viertel so in ein Stückchen Gaze oder alten Vorhangstoff (Store) legen, dass Sie eine Art Beutel formen können.

2 Geben Sie einen halben Liter Alkohol in ein weithalsiges Glas.

3 Hängen Sie jetzt den Beutel in das Glas. Die Frucht sollte, damit das Endresultat klar wird, die Flüssigkeitsoberfläche nicht berühren.

4 Nach Ablauf von zwei Wochen holt man die Ananas heraus.

5 Aus dem Zucker und dem Wasser einen Sirup herstellen, den man ca. 20 Minuten lang köcheln lässt. Sie brauchen ungefähr genau so viel Zuckerlösung wie sich Alkoholessenz in dem Glas befindet.

6 Nach dem Abkühlen gießt man den Sirup zu der Essenz.

7 In der Praxis hat es sich bewährt, dass man das Glas einige Tage lang ruhig stehen lässt und den Inhalt dann vorsichtig in eine neue Flasche umgießt. So wird der Trunk ganz klar.

Apfel

Der Apfelbaum (Malus domestica) *hat seinen Ursprung in Armenien. Von dort kam er nach Ägypten, wo ihn Ramses II. in seinen Gärten im Nildelta anbauen ließ. Die Juden brachten den Apfel von Ägypten nach Palästina. Auch in Europa kennt man den Apfel von alters her. So hat man Apfelreste in Pfahlbauten in Frankreich und der Schweiz entdeckt.*

Die Heilwirkung des Apfels

»An apple a day keeps the doctor away« sagt man in England: »Ein Apfel am Tag, und du brauchst keinen Arzt«. Über 300 wertvolle Biostoffe haben die Wissenschaftler mittlerweile im Apfel ausgemacht. Die meisten davon sitzen direkt unter der Schale. Deshalb sollte man wenn möglich Äpfel aus biologischem Anbau kaufen und die Schale mitessen. Der Genuss mehrerer roher Äpfel am Tag, drei Stück idealerweise, regt den Körper an, macht den Geist fit und ist gut für die Haut. Äpfel kräftigen das Immunsystem und regulieren den Blutdruck. Das Apfelpektin hilft bei Darmstörungen, neutralisiert Giftstoffe und stoppt Durchfälle. Apfelschalentee ist heilsam bei Erkältung, Fieber und Bronchitis.

> ### TIPP
>
> *Kleinere Äpfel enthalten meist mehr Vitamine, Mineralien und wirksame Biostoffe als große. Einheimische Äpfel werden meist reif gepflückt. Sie sind damit wertvoller als von weit her transportierte, die dort unreif geerntet wurden.*

Apfelkorn

Zutaten

3 aromatische, säuerliche Äpfel
(zum Beispiel Jonathan)
1 unbehandelte Limette
1 l Korn

Reifezeit: 4 Wochen

1 Die Äpfel vierteln und das Kerngehäuse entfernen.

2 Die Apfelviertel zusammen mit der sehr dünn abgeschälten Limettenschale und dem Korn in ein Gefäß geben.

3 Vier Wochen lang an einem warmen Ort ziehen lassen.

4 Danach abfiltern und in Flaschen füllen. Jetzt hat der Apfelkorn eine schöne goldene Färbung. Apfelkorn schmeckt eisgekühlt am besten.

Apfelmarmelade

Äpfel waschen, vierteln und das Kerngehäuse entfernen. Die ungeschälten Apfelviertel in feine Spalten schneiden. Mit ein wenig Wasser aufsetzen und so lange kochen, bis die Äpfel weich sind und fast zerfallen. Nun die Äpfel durch ein feines Sieb passieren. Pro Kilogramm Apfelmus 800 Gramm Zucker hinzufügen und die Mischung bei mittlerer Hitze unter ständigem Rühren zehn Minuten lang kochen. Zum Schluss etwas Zitronensaft hinzufügen. Sofort in saubere, heiß ausgespülte Gläser füllen, mit einem Schraubdeckel verschließen und auf den Deckel stellen. Die abgekühlte Marmelade kühl und dunkel lagern. So aufbewahrt, hält sie sich sehr lange.

Aprikose

Die Aprikose (Prunus armeniaca) *zählt,
wie der Pfirsich, zu den ältesten Obstsorten und stammt ursprünglich aus
China, wo sie bereits 2200 v. Chr.
kultiviert wurde.*

Wärmeliebende Südländerin

Da die Frucht ein mildes Klima braucht,
dauerte ihre Verbreitung in andere
Regionen recht lange. Bis heute wird der
Aprikosenbaum hauptsächlich in warmen
Ländern wie Spanien, Italien, Frankreich,
Ungarn und Israel kultiviert.

Nicht nur die Menschen, auch die Hasel-
mäuse und Siebenschläfer lieben die rund-
liche, orangegelbe Frucht aus der Familie
der Rosengewächse sehr. Ihr sanft-süßer
Geschmack prädestiniert sie für die Ver-
arbeitung zu edlen Marmeladen. Apriko-
senbrandy gehört in jede gutsortierte Bar,
und eingelegt in Cognac ist sie eine Delikatesse. Auch unser selbst gemachter
Likör kann übrigens mit Cognac verfeinert werden.

Eine Vielzahl gesunder Inhaltsstoffe sprechen für sich: Die Aprikose liefert neben
Vitamin A auch Vitamin B und C, Kalium
und Phosphor sowie die Spurenelemente
Mangan, Kupfer, Eisen und Kobalt.

> ### TIPP
>
> *Die Innenkerne aus
> dem Stein holen
> (notfalls auf einem
> Brett mit dem Ham-
> mer aufschlagen) und
> vorsichtig probieren
> oder daran schnup-
> pern: Verwenden Sie
> nur die süßen Kerne,
> da die bitteren leicht
> giftig sind.*

Aprikosenlikör

Zutaten

1 kg sehr reife Aprikosen
200 g Zucker
1 EL Honig
2 Gewürznelken
1/4 l Weingeist

Reifezeit: 4–6 Wochen

1 Die Aprikosen waschen, halbie-
ren, entkernen, grob schneiden
und in eine passende Flasche füllen.
Honig, Gewürznelken, 6–8 gehackte
Innenkerne und den Weingeist hinzufügen.

2 Das Ganze lässt man verkorkt
vier bis sechs Wochen bei Zimmertemperatur stehen, wobei man
gelegentliches Schütteln nicht vergessen sollte.

3 Danach wird der Ansatz durch ein
Leinentuch abgeseiht und dabei
schwach gepresst.

4 Den Fruchtrückstand aus dem
Tuch in einen Kochtopf schütten
und mit einem Viertelliter Wasser aufkochen. Diesen Sud durch ein Sieb
über den Zucker in einen zweiten
Kochtopf passieren.

5 Die Zuckerlösung lässt man unter
Aufschäumen kochen und gießt
den Liköransatz gleich nach dem
Aufkochen dazu. Gut vermischen.

6 Nach dem Abkühlen nochmals
durch ein Tuch filtern und in saubere Flaschen abfüllen. Verkorkt an
einem kühlen Ort aufbewahren.

Banane

Die Banane (Musa paradisiaca), *auch Paradiesfeige genannt, ist eine der ältesten Kulturpflanzen und wird heute in vielen Ländern der Erde mit tropischem Klima kultiviert. Bekannte Anbaugebiete sind Süd- und Mittelamerika (Ecuador, Costa Rica, Kolumbien, Nicaragua, Guatemala), Afrika (Somalia, Kamerun, Elfenbeinküste), die Antillen, die Kanarischen Inseln sowie Indien, Thailand und die Philippinen. Die Banane gilt – neben dem Apfel – als beliebteste Frucht in Deutschland. Vollreif ist eine Banane übrigens mit dunkelgelber Schale, die kleine braune Tupfen aufweist. Auch wenn sie nicht so perfekt aussehen wie die Supermarktbananen – am gesündesten sind auch hier die Früchte aus biologischem Anbau!*

Irrfahrten der Banane

Die ursprüngliche Heimat der Banane ist Indien, wo sie schon vor über 4000 Jahren bekannt war. Im siebten Jahrhundert führten Araber die Banane in Ägypten ein; auch im südlichen Afrika war sie zu jener Zeit schon bekannt. Mit portugiesischen Seeleuten gelangte sie Anfang des 16. Jahrhunderts nach Süd- und Mittelamerika, wo heute ihre Hauptanbauge-

biete sind. Erst 1885 trat sie von dort ihren Siegeszug durch Europa an.

Neben der in aller Welt wohlbekannten Obstbanane (*Musa paradisiaca*) gibt es noch viele weitere Spezies, unter ihnen die köstliche Rote Banane, die Apfel- und die Zwergbanane, die die Obstbanane an Geschmack weit übertreffen.

TIPP

Bananen sollten getrennt von anderen Früchten aufbewahrt werden, weil sie durch die Abgabe von Äthylen alle anderen Früchte (insbesondere Kernobst und Tomaten) angreifen und ein zu schnelles Nachreifen der Früchte bewirken.

Bananen-Geist

Zutaten

250 g Zucker
1/2 l Wasser
1 reife Banane
1/2 l Alkohol

Reifezeit: ca. 3 Wochen

1 Zucker und Wasser zu Sirup kochen. Die geschälte Banane wird mit dem Sirup in ein Stück Gaze oder dünnen Vorhangstoff geschlagen und dieses Säckchen zusammengebunden.

2 In ein hohes Weckglas gibt man den Alkohol und hängt das Säckchen so darüber, dass es die Oberfläche der Flüssigkeit nicht berührt.

3 Das Glas wird fest verschlossen und zwei Wochen beiseite gestellt.

4 Danach das Säckchen entfernen und die Flüssigkeit durch einen Filter in eine Flasche abgießen.

5 Die Flasche noch einige Tage ruhen lassen, bis sich die Flüssigkeit völlig geklärt hat. Dann gießt man vorsichtig in eine neue Flasche um.

Bananenlikör

Zutaten

500 g geschälte Bananen

500 g Zucker

1/4 l Cointreau

2 Gewürznelken

1 Prise Zimt

Dünn abgeschälte Schale einer halben
unbehandelten Zitrone

400 ml Alkohol (90%)

Reifezeit: 14 Wochen

1 Bananen in ein Zentimeter dicke Scheiben schneiden, in eine große, weithalsige Flasche geben und mit dem Zucker vermischen.

2 Die Mischung mit Cointreau übergießen, die Flasche gut verschließen und zwei Wochen an einen sonnigen Platz stellen.

3 Gewürze, Zitronenschale und Alkohol untermischen.

4 Die Flasche wieder gut verschließen und vier Wochen dunkel lagern.

5 Den Likör filtern, in saubere Flaschen abfüllen und weitere zwei Monate reifen lassen.

Dieser Likör verfeinert so manches Dessert – vor allem Eisbecher, Obstsalate und Schokoladencremes.

TIPP

Wer keine biologisch angebauten Früchte gekauft hat, sollte zumindest die Spitzen der geschälten Banane nicht essen. Dort sitzen die meisten Keime und Rückstände von chemischen Mitteln.

Die Heilwirkung der Banane

Die Banane zählt mit ihrem hohen Vitamin- und Mineralstoffgehalt zu den gesündesten und bekömmlichsten Früchten überhaupt. Der bekannte Arzt Carl von Noorden setzte die Banane als Kurmittel gegen Rheuma und Gicht ein. Sie eignet sich außerdem als Aufbaunahrung unterernährter oder durch Krankheit geschwächter Menschen. Besonders bei Magen- und Darmproblemen kann eine Bananenkur viel bewirken: Mit täglich fünf kleinen oder drei großen Bananen lassen sich angeblich sogar Magengeschwüre heilen.

Abnehmen mit Bananen

Durch ihren enorm hohen Kaliumgehalt wirkt die Banane entwässernd auf den Körper. Gleichzeitig senkt sie relativ rasch das Gewicht. Mit einer Bananenkur aus drei bis fünf Bananen täglich, die jeweils mit etwas Milch oder Joghurt genossen werden, kann man kurzfristig sichtbare Erfolge erzielen.

Bananen-Cocktails

Bananengeist und Bananenlikör eignen sich auch ganz wunderbar als Bestandteil leckerer Cocktails. Eine säuerlich-erfrischende Variante ist die Mischung aus Bananengeist mit Zitronensaft (4 cl Geist und 3 cl Saft), im Shaker geschüttelt, mit Mineralwasser im Longdrinkglas aufgefüllt und mit Eis serviert.

Etwas süßer und daher auch als After-Dinner-Getränk geeignet ist die Mischung aus Bananengeist und Brandy (zu gleichen Teilen). Im Shaker geschüttelt und im kleinen Cocktailglas serviert ist dies etwas ganz Besonderes.

So richtig tropisch üppig ist dagegen der Banana-Tropicana: Hier wird ein Teil Bananenlikör mit 2 Teilen Rum, 2 Teilen Kokosnusssirup und 5 Teilen Ananassaft zusammen mit einer frischen Banane gemixt. Auch als Dessert ist dieser Drink ein Gedicht.

Beeren-Früchte-Mischung

Die Vielfalt der Früchte und Spirituosen erlaubt unzählige Kombinationen. Ein sehr beliebtes Verfahren der »Veredelung« von Früchten ist der Ansatz eines Rumtopfes. Damit er gelingt, braucht man einen großen Fünf-Liter-Steinguttopf mit Deckel, vollreife Früchte bester Qualität, feinen Zucker und dunklen, hochprozentigen Jamaica-Rum! Voraussetzung ist zudem peinlichste Sauberkeit und Sorgfalt. Außer den Kirschen wird alles Steinobst entkernt. Traditionell wird der Rumtopf zur Weihnachtszeit genossen, in vielen Familien ist es jedoch Brauch, an Nikolaus den Rumtopf erstmals zu probieren!

Über den Rum

Im Allgemeinen werden drei Arten von Rum unterschieden: Der sehr herbe, trockene Rum mit leichtem Körper, dessen Hauptvertreter der Kuba-Rum ist, der vollmundige Rum, für den der Jamaica-Rum als wichtigster genannt sein soll und der mehr aromatische Rum, der auf den Antillen-Inseln Martinique und Barbados und in Puerto Rico hergestellt wird. In Deutschland ist vor allem der Jamaica-Rum sehr weit verbreitet.

TIPP

Der Rumtopf kann auch mit hochprozentigem Arrak, Cognac oder Kirschwasser angesetzt werden. Besonders köstlich schmeckt er als Beigabe zu Süß- und Mehlspeisen. Er verfeinert Eiscremes, Gebäck, Milch- und Grießbrei.

Rumtopf

Zutaten

Verschiedene Früchte wie Erdbeeren, Süß- und Sauerkirschen (entstielt, aber nicht entsteint), frische Ananas, Heidelbeeren, Weintrauben, Nektarinen (gehäutet, entsteint und in Spalten geschnitten), Aprikosen (gehäutet, halbiert und entsteint), Himbeeren (verlesen)

Zucker

Rum (54%)

Reifezeit: mindestens 6 Monate

1 Die vollreifen Früchte nacheinander jeweils mit Zucker und so viel Rum in das Gefäß einschichten, dass die Früchte immer gut bedeckt sind.

2 Die Früchte jeweils waschen und gut abtrocknen. Auf 500 Gramm Früchte kommen 250 Gramm Zucker.

3 Vor dem Einlegen die vorbereiteten Früchte mit Zucker mischen und vier Stunden kühl stellen.

4 Frucht-Zucker-Gemisch in den Steinguttopf geben, mit Rum auffüllen. Schwimmen die Früchte, werden sie mit einem Teller beschwert. Die Früchte nacheinander, wie sie im Lauf des Sommers reifen, einschichten und mit Alkohol auffüllen. Vier Wochen, nachdem die letzte Frucht eingeschichtet wurde, den Topf mit einem halben Liter Rum auffüllen.

5 Ansatz an einem kühlen, ruhigen Ort stehen lassen. Zu Weihnachten kann die Köstlichkeit genossen werden.

Erdbeere

Pflanzen aus Garten und Handel

»Gewiss hätte der Schöpfer eine köstlichere Beere ersinnen können«, schrieb Dr. William Butler im 16. Jahrhundert, »aber ebenso gewiss hat er es nie getan.« In der Tat ist die Erdbeere (Fragaria) auf der ganzen Welt heiß begehrt, obwohl sie erst seit hundert Jahren überall erhältlich ist.

Versteckte Schönheit

Als die köstlichste Beere gilt die wild wachsende Walderdbeere, die überall in Mitteleuropa an Waldwegen, auf Lichtungen und Viehweiden in Waldnähe gedeiht. Doch leider wächst sie so spärlich, dass man schon tüchtig sammeln muss, um ein paar Hand voll dieser überaus aromatischen Erdbeeren zu erhalten.

TEEREZEPT

Zwei Teelöffel getrocknete Erdbeerblätter mit $\frac{1}{4}$ Liter kochendem Wasser übergießen. Nach einer Viertelstunde abseihen.

Seit dem 17. Jahrhundert werden Erdbeeren auch gezüchtet, wobei die Nordamerikaner besonders erfolgreich waren. Auf sie gehen die Mehrzahl unserer großen Gartenerdbeeren zurück. Doch wirklich gute Sorten gelangen erst den englischen Züchtern im 19. Jahrhundert: die berühmten »Keens Imperial« (1806), »Keens Seedling« (1819) und »Knights Downtown« (1817).

Die Heilwirkung der Erdbeere

Arzneilich verwendet werden vor allem Abkochungen aus den Blättern der Erdbeerpflanze, z.B. bei entzündlichen Magen- und Darmstörungen. Aber auch die frischen Früchte sollen eine leber- und gallestärkende Wirkung haben.

Erdbeerlikör

Zutaten

1 kg Gartenerdbeeren
1 l Weingeist
4 Erdbeerblätter
250 g Zucker
1 l Wasser

Reifezeit: 4 Wochen

1 Die Erdbeeren säubern, abtropfen lassen und in einer Schale zerdrücken.

2 Dieses Mus zusammen mit dem Weingeist und den Erdbeerblättern in gut schließende Flaschen geben. Ca. vier Wochen lang in der Sonne stehen lassen.

3 Danach fischt man die Blätter aus dem Ansatz heraus.

4 Aus der Zuckermenge und etwa einem Liter Wasser einen Sirup kochen, den man dem Erdbeersaft beimischt.

5 Nach dem Abkühlen in saubere Flaschen füllen.

Gut verschlossen hält sich dieser köstliche Trank jahrelang, sofern er nicht vorher »vernascht« wird!

Variante des Erdbeerlikörs

In einer Variante dieses Rezepts wird das Erdbeermus ohne die Blätter, aber mit 400 g Zucker und 1 l Cognac angesetzt. Während der Reifezeit von 4 Wochen sollte man das Gefäß öfter schütteln. Danach mit einer 5 Minuten aufgekochten Lösung aus 300 g Zucker und 1/2 l Wasser vermischen und filtern. Auf Flaschen ziehen.

TIPP

Wenn Sie das Glück haben, genügend Walderdbeeren zu finden, sollten Sie ihnen immer den Vorzug geben. Die kleinen Früchte sind außerordentlich reich an Vitamin C.

Walderdbeerlikör

Zutaten

600 g reife Walderdbeeren
1 l Weinbrand
1/2 Vanilleschote
600 g Zucker
2 l Wasser
2 l Alkohol

Reifezeit: 2 Wochen

1 Die verlesenen und gesäuberten Erdbeeren in einer Schüssel pürieren – am schnellsten können Sie das mit einem elektrischen Pürierstab bewerkstelligen.

2 Das Mus mit dem Weinbrand und der Vanilleschote in ein weithalsiges Glas geben.

3 Alles gut verrühren und das Glas fest verschließen.

4 Den Ansatz zwei Wochen stehen lassen.

5 Danach lässt man die Mischung durch ein Tuch in eine Schüssel laufen.

6 Den Zucker löst man in einem Kochtopf in ca. 2 Litern Wasser auf und lässt ihn etwa 20 Minuten kochen.

7 Den abgekühlten Zuckersirup mischt man mit dem Erdbeeransatz und dem Alkohol.

8 Die so entstandene Flüssigkeit durch einen Filter in saubere Flaschen füllen und an einem kühlen Ort aufbewahren.

Erdbeere

Himbeere

Die Himbeere (Rubus idaeus) *ist in unendlich vielen Arten auf der ganzen Welt verbreitet – von Alaska bis Malaysia. Man findet die Beeren, die nur schwer transportiert werden können, weil sie besonders schnell verderben, auch in vielen einheimischen Gärten.*

Die Heilwirkung der Himbeere

Im Unterschied zu den gezüchteten Arten besitzt die Waldhimbeere beachtliche Heilkräfte, die in erster Linie in den Blättern konzentriert sind. Gemischt zu gleichen Teilen mit Brombeer- und Walderdbeerblättern ergeben sie einen bekömmlichen Haustee, der regelmäßig getrunken gegen allerlei Krankheiten schützen soll. Auch als Mittel zum Gurgeln bei Hals-

---

> **TIPP**
>
> *Die Waldhimbeere wächst wild auf fast allen Waldlichtungen und ist häufig in so großen Mengen zu finden, dass sich ein Ernteausflug im Spätsommer bestimmt lohnt.*

---

schmerzen wird er gerne verwendet. Den besten Tee erhält man aus den oberen drei oder fünf Blättern der jungen Triebe.

Die Blätter der Himbeere enthalten Gerbstoffe, Milchsäure, Bernsteinsäure und ungesättigte Fettsäuren, die Früchte hingegen sind vor allem reich an Vitamin C.

Himbeeren für Feinschmecker

Vor allem im Schwarzwald, im Elsass und in der Schweiz weiß man das köstliche Aroma der Himbeeren auch in hochprozentiger Form zu schätzen. Von hier kommen edle (und teure!) Himbeergeister und Edelbrände. Als ausgesprochene Delikatesse gilt das »Eau-de-vie de Framboise«, ein Edelbrand aus den Vogesen.

Himbeer-»Saft« für Erwachsene

Zutaten

1 kg Himbeeren
500 g Zucker
1/4 l Wasser
6 bis 8 Stück grob zerstoßene Kirschkerne
Saft einer halben Zitrone
1/2 l Weingeist

Reifezeit: 1 Tag

1 Die Himbeeren gut verlesen, aber nicht waschen, und in eine hitzebeständige Schüssel geben.

2 Zucker, Wasser, Kirschkernstückchen und Zitronensaft in einem Topf unter Rühren tüchtig aufkochen und über die Himbeeren gießen. Über Nacht ruhen lassen.

3 Am nächsten Tag wird die Fruchtmasse in einen Topf gefüllt und unter Rühren erneut aufgekocht.

4 Die noch heiße Masse durch ein Tuch in einen zweiten Topf abseihen und nochmals bis zum Kochen erhitzen.

5 Kocht die Masse, gießt man den Weingeist dazu und filtert das Gemisch anschließend durch ein Tuch in ein passendes hitzebeständiges Gefäß. In vorgewärmte Flaschen abfüllen.

Dieser »Saft« schmeckt pur köstlich, verfeinert aber auch so manches Dessert – vor allem Eisdesserts und Cremespeisen, frische Pfirsiche und Vanille-Eiscreme.

TIPP

Für einen alkoholfreien Himbeersirup, den man wunderbar verdünnen kann, kocht man 2 1/2 kg Himbeeren in 1/2 l Wasser, seiht ab und kocht die Fruchtmasse mit 300 g Zucker nochmals auf. In Flaschen abfüllen.

Himbeerlikör

Zutaten

1 kg Himbeeren
1 l Alkohol (96%)
250 g Zucker
Ca. 1 l Wasser

Reifezeit: 4 Wochen

1 Die Himbeeren werden sorgfältig verlesen, gewaschen, abgetropft und in einer geeigneten Schüssel mit der Gabel leicht zerdrückt.

2 Man füllt die zermusten Himbeeren in eine große Flasche mit weitem Hals, gibt den Alkohol dazu und lässt den Ansatz ca. vier Wochen an der Sonne gären.

3 Nach Ablauf der vier Wochen holt man den Ansatz in die Küche. Vorratsflaschen heiß auswaschen und trocknen lassen.

4 Die Geschmäcker hinsichtlich des Alkoholgehaltes gehen sehr auseinander. Manche mögen's ganz scharf und nehmen nur wenig Wasser, andere rechnen auf einen Liter Alkohol die gleiche Menge Wasser. Je nach Belieben mischen Sie also mehr oder weniger Wasser mit der entsprechenden Menge Zucker und lassen sie 15 bis 20 Minuten aufkochen.

5 Vermischen Sie dann diese Zuckerlösung mit dem Himbeeransatz.

6 Das Getränk in die vorgewärmten Flaschen abfüllen. Je länger der Himbeerlikör lagert, desto besser wird er!

Himbeere

Johannisbeere

Der Johannisbeerstrauch riecht zwar nicht sehr angenehm (deswegen auch die volkstümlichen Namen Stinkbaum und Ahlwanze), doch wer sich davon nicht abhalten lässt, wird durch die Ernte der wertvollen Früchte reich belohnt. Man findet die bis zu zwei Meter hoch wachsende Schwarze Johannisbeere (Ribes nigrum) in feucht gelegenen Gebüschen, Laubwäldern, Erlenbrüchen, an Ufern und in Sümpfen.

Die Heilwirkung der Schwarzen Johannisbeere

Die Schwarze Johannisbeere, je nach der Gegend auch unter den Namen Ahl-, Bocks-, Gicht- oder Wanzenbeere bekannt, ist die wertvollste unter den Johan-

TEEREZEPT

Man übergießt ein bis zwei Teelöffel der Johannisbeerblätter mit einer Tasse kochendem Wasser und seiht nach zehn Minuten ab.

nisbeeren. Sie hat nämlich einen besonders hohen Vitamin-C-Gehalt, der auch nach dem Kochen, Gelieren oder Sterilisieren nicht restlos verloren geht, und enthält zudem Vitamin B und zahlreiche Mineralstoffe. Ihre Blätter liefern einen sehr bekömmlichen Tee gegen rheumatische Beschwerden, Gicht und zur Steigerung der Harnmenge.

Die Früchte reinigen den Darm und regen durch die in den Kernen und Schalen enthaltenen Ballaststoffe die Verdauung an. Vor einiger Zeit hat man außerdem in den Schwarzen Johannisbeeren einen antibakteriell wirkenden Stoff entdeckt. Daher ist der Saft der Schwarzen Johannisbeere ein so außerordentlich wirksames Mittel bei allen Erkältungskrankheiten.

Hausgemachter Cassis

Zutaten

1 kg Schwarze Johannisbeeren
1 l Schnaps
1 Vanilleschote
1 Stückchen Ingwer
500 g Zucker, am besten Kandiszucker

Reifezeit: 2 Wochen

1 Die Johannisbeeren werden mit einer Gabel von den Stielansätzen gestreift, kurz gewaschen und auf Küchenpapier abgetropft.

2 Danach gießt man die Beeren in ein weithalsiges Glas und gibt die Gewürze, den Zucker und den Schnaps dazu.

3 Achten Sie darauf, dass das Glas dicht schließt, und lassen Sie es zwei Wochen im Dunkeln lagern.

4 Dann durch einen Filter abgießen und in Flaschen abfüllen. Auch der fertige Cassis liebt kühle und dunkle Lagerung.

Johannisbeerblatt-Wodka

Zutaten

20 frisch gepflückte Blätter von
Schwarzen Johannisbeeren
1 l Wodka

Reifezeit: 3–4 Wochen

1 Die Blätter in einem weithalsigen Gefäß in den Wodka einlegen und den Ansatz ca. drei bis vier Wochen stehen lassen – am besten an einem warmen Ort.

2 Danach filtriert man die Flüssigkeit und zieht sie auf Flaschen. Jetzt hat sie eine hellgrüne, schöne Farbe.

Johannisbeerblatt-Wodka schmeckt eisgekühlt am besten.

Johannisbeer-Gin

Zutaten

1 kg Schwarze Johannisbeeren
1 kg Zucker
10 g Ingwerpulver
1 unbehandelte Zitrone
1 Flasche Gin

Reifezeit: 6 Tage

1 Die Johannisbeeren verlesen, von den Stielen befreien und in einer Schüssel mit der Gabel zerquetschen.

2 Zusammen mit dem Gin und der sehr dünn abgeschälten Zitronenschale in ein Gefäß geben.

3 Das Ganze sollte etwa drei Tage stehen.

4 Den Zucker im Wasser läutern, das heißt so lange ohne Rühren vorsichtig aufkochen, bis er Fäden zieht.

5 Den Ginansatz durch einen Filter gießen und mit dem Zucker und dem Ingwer vermengen. In eine Flasche umfüllen.

6 An der Sonne sollte dieses köstliche Gebräu drei weitere Tage lang stehen, wobei man es häufig schüttelt.

7 Zuletzt filtriert man noch einmal und füllt in Flaschen ab.

Kirsche

Während die Sauerkirsche aus dem Gebiet zwischen Kaspischem Meer und Nordindien stammt, hat die Süßkirsche ihre Heimat von der Türkei bis nach Westsibirien. Nach Europa gelangten die Kirschen bereits im ersten Jahrhundert v. Chr., wo sie sich über Rom nach Deutschland, Frankreich und England ausbreiteten.

Kirsche ist nicht gleich Kirsche

Verwirrende Vielfalt herrscht bei den Kirschen: Sie werden in zwei Gruppen unterteilt, die Sauerkirschen (*Prunus cerasus*) und die Süßkirschen (*Prunus avium*), wozu auch die Vogelkirschen gehören. Die Sauerkirschen wiederum teilt man in Echte Sauerkirschen (Morellen) und

TIPP

Auch gesundheitlich sind Kirschen von einigem Nutzen, sowohl Süß- als auch Sauerkirschen enthalten Phosphor und Eisen. Darüber hinaus fördern Sauerkirschen die Verdauung und reinigen den Körper von Harnsäure; Süßkirschen gelten als Blut bildend.

Bastardkirschen (Kreuzung zwischen Süß- und Sauerkirschen) ein, die Echten Sauerkirschen ihrerseits in Weichseln und Amarellen und die Bastardkirschen in Süßweichseln und Glaskirschen. Für den Handel sind die Weichseln am wichtigsten.

Verwendung in der Küche

Schleckermäuler können es kaum erwarten, bis im Sommer die ersten Süßkirschen auf dem Markt sind. In der Küche finden jedoch die Sauerkirschen eher Verwendung: Sie ergeben einen sehr aromatischen Saft und ausgezeichnete Kompotte und Marmeladen. Man bereitet mit ihnen Kuchen und Torten (Kirschstrudel, Schwarzwälder Kirschtorte) sowie Nachspeisen zu, z. B. Vanilleeis mit heißer Kirschsoße.

»Bollaschnaps«

Zutaten

1 Glas schwarze Kirschen oder Schattenmorellen
500 g Zucker
1 l Obstschnaps
250 g Rosinen
1 Stange Zimt
Einige Gewürznelken
1 l Wasser

Reifezeit: einige Monate

1 Wenn Sie keine selbst eingemachten Kirschen vorrätig haben, können Sie auf Konserven ausweichen. Kirschen aus Konserven sind oft stark gesüßt. Reduzieren Sie dann einfach die Zuckermenge.

2 Kirschen abtropfen und dabei den Saft auffangen.

3 In einem großen Kochtopf wird für ein Wasserbad Wasser erhitzt und ein zweiter Topf hineingestellt. In diesem den Zucker mit dem Kirschensaft auflösen.

4 Den Kochtopf vom Herd nehmen und den Schnaps zu der heißen Flüssigkeit gießen. Dann die Kirschen, die Rosinen und die Gewürze hinzufügen.

5 Das Ganze wird gut vermischt und in ein weithalsiges Tongefäß oder nach dem Abkühlen in passende Gläser geschüttet.

6 Man lässt die Köstlichkeit einige Monate stehen, bevor man sie zum Verzehr freigibt.

TIPP

Die dunklen Weichseln sind nur relativ kurze Zeit im Hochsommer im Handel. Greifen Sie also schnell zu, wenn Sie nicht ohnehin das Glück haben, direkt vom Baum ernten zu können.

Weichsel-Mischgetränk

Zutaten

1 kg entkernte Weichseln
20 Stück zerstoßene Weichselkerne
100 g zerquetschte Himbeeren
50 g Johannisbeeren
3 Gewürznelken, ein halbfingerlanges Stückchen Zimtstange
750 g Kristallzucker
3/4 l reiner Weingeist
3/4 l Wasser

Reifezeit: ca. 4 Wochen

1 Die Weichseln zunächst entkernen und ca. 20 Kerne mit dem Hammer zerschlagen. Alle Zutaten bis auf das Wasser und den Zucker werden dann in ein großes Glasgefäß gefüllt und gut verschlossen zwei bis drei Wochen an ein sonniges Fenster gestellt.

2 Nach dieser Zeit kocht man den Zucker mit dem Wasser fünf Minuten auf und gießt den erkalteten Sirup zu den Weichseln.

3 Das Gefäß nochmal eine Woche verschlossen stehen lassen, diesmal im Dunkeln.

4 Danach den Ansatz durch ein feuchtes Leinentuch filtern und auf Flaschen ziehen.

5 Bei Bedarf kann der Fruchtrückstand aus dem Tuch mit einem halben Liter Wasser tüchtig aufgekocht, wiederum durch ein Tuch gefiltert und zu der ersten Flüssigkeit gemischt werden.

Kirsche

97

Knoblauch

Nicht nur als Heilkraut, auch in der Küche wird Knoblauch (Allium sativum) *sehr geschätzt. Dennoch gibt es immer noch viele Leute, die ihn nicht mögen, weil sie ihn für unfein halten.*

Aus der Geschichte des Knoblauchs

So schrieb Alexandre Dumas in seinem »Grand Dictionnaire de Cuisine« aus dem Jahr 1873: »Jedermann kennt den Geruch des Knoblauchs mit Ausnahme dessen, der davon gegessen hat und nicht versteht, warum sich alle abwenden, denen er nahe kommt. Athenaios erzählt, dass jene, welche Knoblauch genossen haben, die der Kybele geweihten Tempel nicht betreten durften. Vergil nennt ihn eine nützli-

FEIN ODER VULGÄR?

Dass man über den Knoblauch geteilter Meinung sein kann, ist nicht neu: Schon immer gab es Menschen, die ihn um keinen Preis essen wollten und solche, die ihn über alle Maßen verehrten und ihm die größte Wirkung zusprachen.

che Pflanze, die die Erntearbeiter kräftigt, so dass sie auch bei großer Hitze nicht ermatten (...). Die Ägypter liebten ihn über alles, die Griechen hingegen verabscheuten ihn, und die Römer aßen ihn mit Vergnügen.«

Am allergrößten aber war die Abneigung gegen das Liliengewächs im kühlen Norden. So verschrien war er in England, dass sogar Shakespeare im »Sommernachtstraum« vor ihm warnte: »Und, allerliebste Akteure! Eßt keine Zwiebeln, keinen Knoblauch; denn wir sollen süßen Odem von uns geben ...«

Heute freilich spielt der Knoblauch in all jenen Ländern eine bedeutende Rolle, die die beste Küche haben – von Frankreich bis China.

Die Heilwirkung des Knoblauchs

Die vielseitige und große Heilkraft des Knoblauchs ist auf drei seiner Inhaltsstoffe zurückzuführen: auf eine Jodverbindung, auf Kieselsäure und auf ein schwefelhaltiges Öl.

Die Kombination dieser Wirkstoffe macht ein einfaches Knoblauchelixier zu einem wertvollen natürlichen Allheilmittel. Es bringt Dünn- und Dickdarmkatarrh zum Abklingen, senkt den Blutdruck und wirkt der Arterienverkalkung entgegen, normalisiert die Herztätigkeit, macht Darmgifte unschädlich, hat eine keimtötende Wirkung bei Bronchialkatarrh, macht eine raue Stimme wieder klar und lässt Schlaflose wieder süß schlummern.

Knoblauch-Elixier

Zutaten

250 g Knoblauchzehen

1 l Branntwein

Reifezeit: 2 Wochen

1 Die Knoblauchzehen schälen und klein hacken.

2 In eine Flasche geben und mit dem Branntwein ansetzen.

3 Lassen Sie die luftdicht abgeschlossene Flasche 14 Tage in der Nähe des Küchenherdes, besser noch an der Sonne stehen. Knoblauch liebt die Wärme!

4 Den Flascheninhalt durch ein Sieb in eine Vorratsflasche abfüllen.

5 Die Knoblauchtinktur ist mindestens ein Jahr haltbar.

Zwiebelschnaps

Zutaten

1/2 l Alkohol

1/2 l abgekochtes Wasser

500 g Zwiebeln

50 g Wacholderbeeren

5 bis 6 große Knoblauchzehen

Reifezeit: 8 Tage

1 Alle Zutaten werden im Mixer sehr fein zerkleinert, in ein Gefäß gegeben und acht Tage stehen gelassen.

2 Die Mixtur seiht man durch ein Sieb, dann gießt man sie durch einen Kaffeefilter und wiederholt diese Prozedur so lange, bis keine Restbestände zu sehen sind.

Die Zwiebel

Ähnlich wie ihr Verwandter, der Knoblauch, hat auch die Zwiebel (*Allium cepa*) eine anerkannte Heilwirkung, was vielen Menschen, die gewohnt sind, sie täglich in der Küche zu verarbeiten, gar nicht bewusst ist. Sie enthält nicht nur viele Vitamine, sondern stärkt auch den Magen, fördert die Verdauung und regt die Durchblutung der Schleimhäute an.

Man unterscheidet die einfachen Zwiebeln – dazu gehören Sommerzwiebel, Winterzwiebel und Porree – und die zusammengesetzten Zwiebeln, das sind Schalotte, Perlzwiebel, Schnittlauch und Knoblauch.

Die Sommerzwiebel blüht im Juni und August und wird im Herbst geerntet. Sie ist die wichtigste Küchenzwiebel und ist in den verschiedensten Formen (rund, plattrund und birnenförmig) und Farben (rot, gelb und weiß) erhältlich.

Mandarine

Ursprünglich stammt die Mandarine (Citrus reticulata) aus dem Gebiet von Südostchina, Nordostindien und Indochina, wo sie über die Jahrhunderte zahlreiche Varietäten bilden konnte. Heute kennt man 36 Arten mit den Untergruppen Satsumas, Tangerinen (Clementinen), Mandarinen, saure Mandarinen, Tangelos und Tangors.

Der Renner: Die Clementine

Von hervorragender Qualität ist die kernlose Tangerine (Clementine), die frisch zu den besten Früchten der Erde zählt. Besonders bei Kindern, aber natürlich auch bei Erwachsenen sind die Clementinen beliebt, die einfacher zu schälen und kleiner, aber oft auch süßer als Orangen

TIPP

Mandarinen sind zum direkten Verzehr, besonders bei Kindern, die unbestrittene Nummer eins unter den Zitrusfrüchten. In allen anderen Zubereitungen hat die Orange die Nase vorn – dicht gefolgt von der Grapefruit, die erst seit hundert Jahren systematisch angebaut wird.

sind. Ihre Schale bildet den Grundstoff für die Bereitung des berühmten Curaçao. Entdeckt wurde diese Sorte eher zufällig im Garten des Paters Pierre Clement in Algerien um 1900, der ihr auch den Namen gab.

Beliebte Zitrusfrüchte

In großen Kulturen werden Mandarinen heute vor allem in Südeuropa, im Libanon, Israel, Algerien, Marokko, Kalifornien, Südafrika, Südamerika, aber auch in Südostasien angebaut. Mandarinen enthalten viel Vitamin B1 und B2. Der gesundheitliche Nutzen der Zitrusfrüchte gerade in der kalten Jahreszeit ist unbestritten. Für Orangen und Zitronen finden Sie im Folgenden weitere Rezepte.

Mandarinentrunk

Zutaten
12 Mandarinen

1 l Alkohol

1 l Wasser

250 g Zucker

Zusätzlich 100 g Zucker zum Färben

Reifezeit: mindestens 3 Monate, möglichst noch länger

1 Zwölf Mandarinen werden sehr sorgfältig geschält und alle weißen Fäden abgezogen.

2 Die Früchte in Scheiben schneiden und in einem Gefäß mit dem Alkohol bedecken.

3 Gut verschließen und fünf bis sechs Tage ruhen lassen.

4 Danach die Früchte abseihen und den Ansatz in einer Schüssel auffangen.

5 Der Zucker wird zum Färben in einem Kochtopf mit dem Wasser gesponnen, das heißt so lange gekocht, bis beim Hochziehen ein dünner Zuckerfaden am Löffel hängen bleibt.

6 Die zweite Zuckermenge wird in einer Pfanne karamelisiert (Seite 18). Etwas Wasser aufgießen und die Zuckerkulör mit der ersten Zuckerlösung und dem Alkoholansatz mischen.

7 Den Mandarinentrunk dann in saubere Flaschen abfüllen und längere Zeit, mindestens aber drei Monate lagern!

> ### TIPP
>
> *Bewahren Sie die gut verkorkte Flasche mit dem fertigen Mandarinentrunk liegend auf.*

Hochprozentiges Tutti-Frutti

Zutaten
1 große, duftende Tangerine (Clementine)

Dünn abgeschälte Schale einer halben Zitrone und einer halben Grapefruit

1/2 l Alkohol

500 g Zucker

1 l Wasser

Reifezeit: 2 Wochen

1 Die Tangerine umwickelt man am besten mit zwei Stückchen Bindfaden so, dass man oben einen Knoten machen kann. Man hängt sie anschließend an diesen Fäden in ein weithalsiges Gefäß.

2 Dazu gießt man einen halben Liter reinen Alkohol und legt die Früchteschalen hinein.

3 Zwei Wochen an einem kühlen Ort stehen lassen.

4 In dieser Zeit nimmt der Ansatz eine intensive Färbung an. Aus 500 Gramm Zucker und einem Liter Wasser kocht man in 20 Minuten einen dicklichen Sirup, den man mit dem herrlich gefärbten Tutti-Frutti-Saft mischt.

5 Die Tangerine entfernen, das Ganze einmal filtern und in Flaschen abfüllen.

6 Wenn sich der Saft geklärt hat, gießt man vorsichtig um in eine neue Flasche.

Mango

Die Mango (Mangifera indica) *ist eine Steinfrucht und in Indien heimisch. Dort wurde sie schon vor über 4000 Jahren an den fruchtbaren Ufern des Ganges angebaut. Später verbreitete sie sich in ganz Asien, gelangte in die tropischen und subtropischen Gebiete Amerikas, Australiens, Süd- und Zentralafrikas sowie Israels. Nach wie vor gilt Indien als wichtigstes Anbaugebiet. Die Inder schätzen die Mango sehr, altindische Legenden und die indische Mythologie preisen sie als »Speise der Götter«. Die überaus wohlschmeckende Frucht verfeinert zahlreiche indische Speisen. Der bis zu 15 Meter hohe Mangobaum ist mit seinen schönen grünen Blättern einer der wichtigsten Obstbäume in den Tropenländern. Die Schale der Mango ist dick, grün, gelb, rot oder braun, teilweise gehen die Farben ineinander über. Das Fruchtfleisch ist orangefarben oder intensiv gelb, außerordentlich saftreich und von angenehm süßem, leicht säuerlichem Geschmack.*

Die Heilwirkung der Mango

Die Frucht verfügt über einen überaus hohen Vitamin- und Mineralstoffgehalt. Mit drei Milligramm Karotin pro 100 Gramm Fruchtfleisch gilt die Mango überdies als eine der karotinreichsten Früchte. Damit übertrifft sie übrigens bei weitem die Karotte!

TIPP

Kinder lieben die gesunde Mango püriert im Milchshake mit Buttermilch, Joghurt und einem Spritzer Zitronensaft.

Mangolikör

Zutaten

2 reife Mangos

1 Stück getrockneter Ingwer

Dünn abgeschälte Schale einer unbehandelten Limette

225 g Zucker

750 ml Rum (54%)

Reifezeit: 8 Wochen

1 Mangos schälen, das Fruchtfleisch vom Stein schneiden und würfeln.

2 Die Fruchtstücke zusammen mit Ingwer, Limettenschale und Zucker in eine weithalsige Flasche geben und mit Rum übergießen.

3 Die Flasche fest verschließen und an einem dunklen Ort acht Wochen stehen lassen. Dabei die Mischung gelegentlich durchschütteln.

4 Den Likör abfiltern und in saubere Flaschen füllen.

Einkauf und Lagerung

Dank ihrer Sortenvielfalt und ihrer zahlreichen Anbaugebiete sind Mangos das ganze Jahr über erhältlich. Reife Früchte geben bei Druck leicht nach und duften aromatisch. Unreife Früchte reifen bei Zimmertemperatur nach. Dabei empfiehlt es sich, sie nicht mit anderen Gemüse- und Obstsorten aufzubewahren – sie verströmen das Gas Äthylen, das die Reifung zahlreicher Früchte beschleunigt.

Obstler

Garantiert gesund!

Die meisten Obstsorten sind roh genossen sehr bekömmlich. Die enthaltenen Fruchtsäuren fördern den Appetit; Ballaststoffe regen die Verdauung an. Nicht umsonst wird bei einigen Erkrankungen eine Obstkur durchgeführt. So wird seit Jahrtausenden Obst empfohlen, wenn bei einem Infekt Fieber besteht; bei Magen- und Darmstörungen gibt man ein bis zwei Tage lang am besten roh geriebene Äpfel; bei Gallenbeschwerden sind reife, weiche Obstsorten Teil der Schonkost usw.

Mit Alkohol versetzt wird Obst natürlich nicht für die Behandlung von Kranken eingesetzt – aber ein Obstbrand aus Himbeeren, Kirschen oder Pflaumen regt die Verdauung nach dem Essen an und schmeckt obendrein köstlich. Bei besonders fetthaltigen Speisen wie der Weihnachtsgans ist ein guter »Obstler« zum Abschluss ein regelrechtes Muss!

> **TIPP**
>
> *Bei Verwendung von Quitten gibt man noch etwas Zitronensaft zum Ansatz.*

Grundrezept Obstler

Zutaten

1/2 kg zerdrückte Schwarze Johannisbeeren

oder 1/2 kg entsteinte Weichseln (dunkle Sauerkirschen)

oder 1/2 kg geraspelte rohe Quitten

oder 1/2 l gekochten Quittensaft

3/4 l Obstschnaps

Reifezeit: 2–3 Monate

1 Geben Sie die Früchte zusammen mit dem Obstschnaps in ein Glasgefäß mit weiter Öffnung.

2 Stellen Sie das Gefäß ca. sechs Wochen lang in die Sonne. Danach gießen Sie die Flüssigkeit durch ein Sieb in eine Glasschüssel.

3 Drücken Sie die Früchte, die Sie im Sieb fangen, gut aus und gießen Sie die Flüssigkeit anschließend nochmals durch ein feines Tuch in eine zweite Schüssel.

4 Dann lässt man je nach Geschmack ein viertel bis dreiviertel Kilogramm Zucker mit ein bis drei Achtel Liter Wasser spinnen, das heißt so lange kochen, bis sich beim Hochziehen eines Löffels ein dünner Faden bilden lässt. Diese Zuckerlösung gibt man in die Glasschüssel.

5 Die so entstandene Flüssigkeit gibt man in eine Karaffe oder ein anderes Glasgefäß und lässt das Getränk noch einige Wochen lang stehen, damit es seinen vollen Geschmack entwickeln kann.

Orange

Obwohl ihre Wildform unbekannt ist, so weiß man doch, dass die Orange, wie ihr lateinischer Name »Citrus sinensis« andeutet, aus China stammt und dort schon 2400 v. Chr. gezüchtet wurde.

Die Geschichte der Orange

Wie und wann sie nach Europa gelangte, ist ungewiss. Im 12. Jahrhundert war die Orange in Spanien bereits so heimisch, dass sie das gesamte Gebiet von Granada bis Sevilla in einen einzigen blühenden Zitruspflanzenhain verwandelt hatte. Von dort verbreitete sie sich nach Italien und Südfrankreich, das bis heute ein Land der Zitrusfrüchte ist.

Vor allem die französischen Könige hatten eine Vorliebe für Orangenbäume und

DIE HEIL-WIRKUNG DER ORANGE

Orangen sind überaus reich an Vitamin C, außerdem enthalten sie fünf unterschiedliche Fruchtsäuren (darunter Zitronensäure), 13 Mineralstoffe sowie 14 verschiedene Vitamine.

legten für sie eigens Orangerien an. Die von Ludwig XIV. in Versailles übertraf alle: Sie enthielt 1200 Orangenbäume in Silberkübeln sowie 300 weitere exotischen Pflanzen.

In die Neue Welt gelangte die Orange durch Kolumbus, der auf seiner zweiten Reise auf der Insel Haiti Orangenbäume pflanzte. Von dort breitete sich die Zitrusfrucht über das südliche Nordamerika aus. Bis sich auch die einfachen Leute und nicht nur die Reichen und Mächtigen die Frucht leisten konnten, dauerte es noch einige Zeit. Erschwinglich wurde sie erst, nachdem man 1792 in Spanien die erste große Orangenplantage angelegt hatte und diese Art des Anbaus Verbreitung fand.

Orangentrunk aus Bozen

Zutaten

16 reife, unbehandelte Orangen

1 l Alkohol (96%)

5/8 l Wasser

700 g Zucker

16 Stück Würfelzucker

1/8 l Wasser

Reifezeit: 3 Wochen

1 Die reifen Orangen werden ganz fein geschält, so dass nichts von dem Weißen an der Schale haften bleibt. Das Fruchtfleisch anderweitig verwenden.

2 Die Schalen legt man in einem Gefäß in den Alkohol ein. Drei Wochen lang an einem warmen Ort stehen lassen, wobei man das tägliche Schütteln nicht vergessen sollte.

3 Nach Ablauf dieser Frist den Orangenschalenansatz in eine hitzebeständige Schüssel abseihen.

4 Das Wasser mit der angegebenen Menge Zucker in einem Kochtopf mischen und unter Rühren so lange kochen, bis die Flüssigkeit schwere Tropfen wirft.

5 Zusätzlich bräunt man in einem zweiten Topf 16 Stück Würfelzucker mit einem Achtelliter Wasser (Seite 18) und fügt diese stark färbende Zuckerkulör dem Alkohol bei.

6 Zum Schluss noch den Sirup dazugeben und alles gut vermischen. Durch einen Filter in Flaschen gießen.

TIPP

Die Zeit, wenn im Süden die Orangenbäume in voller Blüte stehen und Sie vielleicht auf einer Reise an einem dieser Orangenhaine vorbeikommen, sollten Sie nutzen, den herrlichen Orangenblütenlikör anzusetzen.

Orangenblütenlikör

Zutaten

50 g Orangenblüten

1 l hochprozentigen Alkohol

300 g Zucker

1/2 l Wasser

Reifezeit: 4 Tage

1 Lassen Sie 50 Gramm Orangenblüten vier Tage in dem Alkohol ziehen.

2 Dann filtern Sie die Mischung und fügen den in Wasser aufgelösten Zucker hinzu. Füllen Sie den Likör in Flaschen.

»High«-Wodka

Zutaten

1 Flasche Wodka

Schalen von 1 Zitrone und 2 Orangen

250 g entsteinte getrocknete Zwetschgen

1 Hand voll Pfefferminzblätter

1 Stange Zimt

Reifezeit: 8–10 Wochen

1 Die klein geschnittenen Zutaten zu dem Wodka geben und das Ganze an einem sonnigen Plätzchen sechs bis acht Wochen stehen lassen (Schütteln nicht vergessen!).

2 Dann filtrieren Sie die Flüssigkeit und ziehen sie auf Flaschen. Nach zwei Wochen das Filtrieren wiederholen.

Über den Cointreau

Wie der echte Cointreau riecht auch mein Orangenlikör angenehm nach Orangen. Beim Original-Cointreau, einem Erzeugnis der berühmtesten französischen Branntweinbrennerei, verwendet man nicht die ganze Orange, sondern lediglich die destillierten Schalen karibischer Bitterorangen.

Rezepte für Sommer und Winter

Für »Kaffee Orange« eine Messerspitze frisch abgeriebene Orangenschale, eine kleine Tasse starken Kaffee und zwei Esslöffel Orangenlikör in ein stabiles, vorgewärmtes Glas geben und das Ganze einmal kräftig umrühren.

Ein kühler Sommerdrink ist »Orange Tropical«: Ein hohes Glas mit frischen Früchten füllen (Erdbeeren, Kirschen, Pfirsichstücke) und mit einer eisgekühlten Mischung aus einem Teil Orangenlikör und drei Teilen rotem Traubensaft auffüllen.

> **TIPP**
>
> *Diese raffinierte Art der Likörzubereitung funktioniert allerdings nur mit sehr intensiv duftenden Obstsorten. Wir haben hier die Orange ausgewählt. Sie können den Likör aber auch mit Bananen oder Clementinen zubereiten.*

Orangenlikör

Zutaten

1/2 l reiner Alkohol (95%)

1 unbehandelte reife Orange

Reifezeit: 2 Wochen

1 In ein gut schließendes hohes Weckglas gibt man zunächst den Alkohol.

2 Man schlingt zwei Bindfäden kreuzweise um die Orange und knotet sie oben fest zusammen.

3 Dieses Gebilde hängt man in das Weckglas. Wichtig ist, dass die Orange knapp oberhalb des Flüssigkeitsspiegels hängt, diesen aber nicht berührt. Nachdem man das Glas verschlossen hat, lässt man es zwei Wochen stehen.

4 Der Alkohol hat sich in dieser Zeit gelblich verfärbt. Die Orange kann jetzt entfernt werden.

5 Kochen Sie einen halben bis dreiviertel Liter möglichst dickflüssiges Zuckerwasser.

6 Diesen Sirup vermischt man durch kräftiges Rühren mit dem Orangenansatz und füllt den fertigen Likör dann in eine hübsche Flasche ab.

7 Der Orangenlikör kann lange aufbewahrt werden. Er gewinnt von Jahr zu Jahr – aber sicher geht's Ihnen so wie mir, und Sie kosten ihn schon nach zwei Tagen.

Pfirsich

Der Pfirsichbaum (Prunus persica) stammt aus China und wurde zur Zeit Alexanders des Großen in den Mittelmeerraum gebracht. Mittlerweile wird er in zahlreichen Ländern wie Amerika, Südafrika und Australien angebaut. Die Pfirsichfrucht ist flaumig behaart, mit saftigem weißem, gelbem oder orangefarbenem Fruchtfleisch. Die Nektarine (Prunus persica var. nucipersica) ist eine Kreuzung aus Pfirsich und Pflaume mit etwas kleineren und glatten Früchten.

Die Heilwirkung des Pfirsichs

Pfirsiche enthalten, wie alle gelben und orangefarbenen Früchte, ausgesprochen viel Beta-Karotin und Bioflavone. Nektarinen weisen sogar den sechs- bis siebenfachen Karotin-Wert der Pfirsiche auf. Beide Stoffe gelten als Krebs- und Herzschutzstoffe, sie sorgen für glänzende Augen und eine gesunde Haut. Beide Fruchtsorten regen die Nierentätigkeit und den Appetit an. Doch wie bei allen Früchten gilt: Nur die am Baum in der Sonne ausgereiften Früchte haben das Maximum an wertvollen Biostoffen, grün gepflückte Supermarktware enthält nur einen Bruchteil davon.

TIPP

Frischer Pfirsichsaft – von Biofrüchten – auf die Haut aufgetragen, beruhigt und glättet auch empfindliche Gesichtshaut.

Pfirsichlikör

Zutaten

300 g frische Pfirsichsteine von reifen weißen Pfirsichen
1 l Klarer
1 unbehandelte Limette
8 zerstoßene Gewürznelken
1 Prise Kardamom
1 kg Zucker
2 l Wasser

Reifezeit: 5–6 Wochen

1 Die Pfirsichsteine werden aufgeklopft, ein wenig angequetscht und in eine passende Flasche gefüllt.

2 Die Steine mit dem Alkohol übergießen und vier Wochen an einem warmen Ort ruhen lassen.

3 Die sehr dünn abgeschälte Limettenschale, zerstoßene Nelken und Kardamom dazugeben, die Mischung gut schütteln und weitere ein bis zwei Wochen an einem warmen Ort stehen lassen.

4 Aus Zucker und Wasser einen Sirup kochen und zur Pfirsichessenz gießen.

5 Den Ansatz filtern und in saubere Flaschen füllen. Verkorkt an einem kühlen Ort aufbewahren.

Vielseitige Verwendung

Pfirsichsamen finden wie Aprikosensamen in der Marzipanherstellung Verwendung. Von Kennern wird der Pfirsichbranntwein sehr geschätzt. Bei seiner Herstellung wird der Saft vergoren und destilliert.

Rose

Aus der Rose lassen sich nicht nur Liköre, wie in den beistehenden Rezepten, sondern auch Weine, Farbstoffe, Medikamente, Öle, Duftstoffe und Pomaden herstellen. Doch wie sie auch verwendet wird, immer umgibt sie ein Hauch von Luxus.

Rosen – Sinnbild der Liebe

Unter den Blumen gilt die Rose als die Schönste, Erhabenste. Seit jeher hat sie Dichter und Künstler inspiriert. Die Rose war Symbol der Liebe, der Tugend, des Vertrauens, der Jungfräulichkeit, des Geheimnisses und des Sündenfalls. Tausende Geschichten ranken sich um sie. Im klassischen Altertum war die Rose der Venus, der Göttin der Liebe, heilig. Ihre

> ### TIPP
>
> *Es versteht sich von selbst, dass man versuchen wird, nur wohlriechende Rosensorten auszuwählen – je intensiver sie duften, desto aromatischer wird der Rosenlikör sein.*

Schönheit und ihr Duft standen für die vollkommene Liebe, ihre Dornen für den Schmerz, den die Liebe dem Menschen zufügen kann.

Das ätherische Öl der bulgarischen Rose, »Rose absolue«, das mithilfe der Wasserdampfdestillation gewonnen wird, ist die begehrte Grundlage vieler Parfüms und Kosmetikartikel.

Obwohl es heute eine Vielzahl an neuen Formen und Farben gibt, gelten die weiße, die französische und die Damaszener Rose nach wie vor als die elegantesten Rosenarten. Viele Menschen behaupten gar, die alten Rosen seien niemals übertroffen worden und die meisten späteren Schöpfungen der Rosenzüchter seien gekünstelt.

Rosenlikör I

Zutaten

150 g Blütenblätter duftender Rosen

1/2 l Alkohol

750 g Zucker

1/2 l Wasser

Reifezeit: 4 Wochen

1 Die Rosenblätter werden sorgfältig verlesen, in stehendem Wasser kurz gewaschen und gut getrocknet. Darauf gibt man sie in ein Gefäß und gießt mit dem Alkohol auf.

2 Man verschließt das Gefäß und lässt es ca. zwei Wochen lang im Dunkeln stehen.

3 Danach kocht man aus dem Zucker und der angegebenen Wassermenge einen Sirup, lässt ihn erkalten und gießt ihn zu dem Rosenansatz.

4 Man filtert das Ganze durch ein Leinentuch und füllt es in Flaschen ab. Einige Wochen lagern!

Rosenlikör II

Zutaten

150 g Rosenblätter, 1/2 l Wasser

1/2 l Alkohol, 250 g Zucker, etwas Zimt

einige Korianderkörner

Reifezeit: 2 Wochen

1 Sammeln Sie alle duftenden Rosenblätter, die Sie finden können. Legen Sie sie in eine große Porzellanschüssel, und gießen Sie einen halben Liter warmes Wasser darauf.

2 Dann filtern Sie das Ganze durch ein Gazetuch. Nun fügen Sie den Alkohol, den Zucker, Zimt und einige Korianderkörner hinzu. Die Flüssigkeit zwei Wochen kühl stellen, dann filtern Sie und füllen in eine Flasche ab.

Gewürzter Rosentrank

Zutaten

150 g Rosenblütenblätter

1/2 l Schnaps

250 g Zucker

1 Zimtstange

3 Korianderkörner

Reifezeit: 6 Wochen

1 Die Blütenblätter werden verlesen, vorsichtig in stehendem Wasser gewaschen und auf einem Tuch abgetropft. Dann legt man sie in eine Porzellanschüssel.

2 Angewärmtes Wasser darüber gießen und die Blüten ein bis zwei Tage stehen lassen.

3 Anschließend lässt man die Flüssigkeit durch ein Tuch in eine neue Schüssel laufen und setzt der Flüssigkeit den Schnaps, den Zucker und die Gewürze zu.

4 Diesen Ansatz füllt man in ein Gefäß, verschließt es gut und lässt die Flüssigkeit zwei Wochen stehen.

5 Dann filtert man den Trank in saubere Flaschen ab und lagert ihn noch einige Wochen, bevor man ihn probiert.

Wenn Sie diese herrlichen Rosenliköre auch noch in einem eleganten Flakon oder einer hübschen Kristallkaraffe besonders stilecht servieren, wird der Versuchung, sich ein Gläschen zu genehmigen, kaum jemand widerstehen können.

Zitrone

Der Zitronenbaum ist ein dorniger Baum, der zwischen drei und sechs Meter hoch wird, die großen Blüten sind weiß. Von allen Zitrusbäumen ist der Zitronenbaum mit seinen hellgrünen Blättern und gelben Früchten der Schönste.

Verbreitung der Zitrone

Ganz sicher ist man sich über die Herkunft der Zitrone (*Citrus limon*) nicht, doch wird vermutet, dass sie aus China, Malaysia oder Persien stammt und dort bereits vor 2000 Jahren kultiviert wurde. 500 v. Chr. jedenfalls wird sie von Konfuzius erwähnt, und ab dem 8. und 9. Jahrhundert von arabischen Eroberern in der Sahara angebaut. Die Mauren waren es auch, die die Zitronen im 12. und 13. Jahr-

hundert nach Europa brachten. In die Neue Welt hingegen gelangten sie mit Kolumbus, der sie auf seiner zweiten Reise zusammen mit Orangen und Zitronat-Zitronenkernen nach Haiti nahm. Heute werden die Zitronen überall angebaut, wo das Klima günstig ist, besonders am Mittelmeer und in Kalifornien.

Die Zitrone in der Küche

Über die Zitrone als Würzmittel wusste schon Johann Georg Krünitz in seiner berühmten »Oekonomisch-technologischen Encyclopädie« (1787) zu berichten: »In der Küche und zu Tische, werden die Citronen auf mancherley Art gebrauchet. Man stellet sie entweder ganz auf die Tafel, damit ein Jeder selbst ihren Saft über das Gebratene oder andere Speisen auf seinem Teller drücken möge; oder, man schneidet sie in Scheiben (...). Man macht daraus Geleen, Müse ec. Endlich machen die Zuckerbäcker auch allerley Confect von den Zitronenschalen (...). So wissen auch geschickte Köchinnen (...) den Citronenbiscuit, Zitronensalat, und andere Leckerbißchen daraus zu machen.«

»Heißer« Zitronensaft

Zutaten

2 sehr reife und saftige Zitronen
Nach Möglichkeit 1 Limone
300 g Zucker
Ein Stückchen Zimtstange
Etwas gestoßenen Koriander
1/8 l Wasser
1 l Cognac

Reifezeit: 2–3 Wochen

1 Zucker und Wasser in einem Kochtopf zu einem dicklichen Sirup aufkochen. Abkühlen lassen.

2 Die Früchte werden anschließend hauchdünn abgeschält und ausgepresst.

3 Die Schalen zusammen mit dem Zuckersirup, dem Saft, den Gewürzen und dem Cognac in ein großes Glas füllen.

4 Das Gefäß lässt man zwei bis drei Wochen an der Sonne stehen.

5 Danach wird der Ansatz durch einen Filter auf Flaschen gezogen. Gekühlt servieren.

TIPP

Die kleinen, grünlich-gelben Limonen (Citrus aurantifolia), die nur in tropischen Gebieten wachsen, erfreuen sich auch bei uns steigender Beliebtheit. Für Cocktails und Longdrinks eignen sie sich hervorragend, da sie intensiv, aber nicht bitter schmecken und reichlich Saft geben.

Zitronenschnaps aus Polen

Zutaten

2 Zitronen
1/2 l Wodka
1 l Wasser
100 g Zucker
Nochmals 1/8 l Wasser

Reifezeit: 1 Tag

1 Die Zitronen werden sorgfältig abgeschält. Die Bitterstoffe der weißen Innenschale könnten sich sonst störend auf das Aroma auswirken. Danach werden die Früchte ausgepresst.

2 Der Zitronensaft wird mit dem Wodka und dem Liter Wasser in einer großen Flasche oder einem Einmachglas angesetzt.

3 Den Zucker und ein Achtelliter Wasser kocht man einige Minuten auf und mischt diesen Sirup, wenn er abgekühlt ist, ebenfalls zu der Flüssigkeit.

4 Die Flasche oder das Glas sollte nun einige Minuten kräftig geschüttelt werden, bevor man sie einen Tag lang in den Kühlschrank legt.

5 Nach vierundzwanzig Stunden wird der Ansatz gefiltert und der fertige Zitronenschnaps in eine neue Flasche abgefüllt.

Den Zitronenschnaps weiterhin im Kühlschrank aufbewahren, oder vor dem Verzehr kühl stellen.

Süße Leckereien

Und nun zu guter Letzt so wunderbare Nachmittags- und Dessert-Liköre wie Schokoladenlikör, Kaffeelikör oder der beliebte Eierlikör, ein Klassiker unter den Likören.

Wir stellen hier nicht nur »Süßigkeiten« vor: Einige würzige Liköre wie das Kräuterbier sollen in unserer Delikatessen-Sammlung nicht fehlen. So mancher der hier genannten Liköre ist eine kleine Berühmtheit – der wunderbare Bénédictine oder der sanfte Bärenfang etwa, der unseren Rezeptreigen eröffnet.

Bärenfang

Bärenfang

Wie viele berühmte Liköre hat auch dieser eine Geschichte. Sie handelt von langen, dunklen Wintern, tiefen Wäldern und einer List der masurischen Bauern, die dem Likör seinen Namen gab.

Mit Honig fängt man Bären

Die Grundlage des Bärenfangs ist Honig. Schon die alten Ägypter stellten entlang des Nils Bienenkörbe auf. In neuerer Zeit wurde das Imkerprodukt durch den Raffinadezucker zu Unrecht verdrängt; mit der Vollwertküche erlebte er eine neue Renaissance. Zwar ist Honig ebenso zahnschädlich und fast genauso kalorienhaltig wie Zucker, aber er wird vom Organismus besser verwertet und enthält Mineralstoffe und Spurenelemente.

> ### TIPP
>
> *Wenn Sie Gelegenheit haben, Bienenhonig direkt vom Imker zu kaufen, fragen Sie ihn, welche Sorte am mildesten schmeckt und sich am besten auflösen lässt.*

Heutige Sortenvielfalt

Fast unüberschaubar ist mittlerweile die Auswahl beim Honig: Allein in den USA gibt es zwischen 200 und 300 Sorten! Ein Großteil des gebräuchlichen Bienenhonigs stammt vom Klee und seinen Verwandten, von Weißklee, Süßklee, Luzerne usw. Kleehonig ist mild und wird in der Küche für eine Vielzahl von Gerichten verwendet. Wohlschmeckend sind auch Honigsorten mit einem bestimmten Geschmack wie Orangenblüten, Grapefruit, Salbei, Eukalyptus, Himbeer, Weidenröschen. Für unseren Bärenfang eignen sich Lindenblüten- und Akazienhonig am besten; Tannenhonig ist zu harzhaltig, und Heidehonig könnte zu Trübungen führen.

Bärenfang aus Ostpreußen I

Zutaten

1/2 l Honig

1/2 l Obst- oder Kornschnaps

1 unbehandelte Zitrone

5 g Ingwergewürz

Für kalte Wintertage

1 Die Zitronenschale fein abreiben.

2 Flaschen sauber spülen, heiß auswaschen und zum Trocknen aufstellen.

3 In einem Kochtopf erwärmt man langsam den Honig.

4 Den Alkohol, die Zitronenschale und etwas Ingwergewürz hinzufügen. Gut verrühren.

5 Das Gemisch in die vorgewärmten Flaschen abfüllen.

Der Vorteil gegenüber anderen, jahreszeitlich gebundenen Likören ist, dass der Bärenfang jederzeit angesetzt werden kann.

TIPP

Beide Liköre können rasch zubereitet werden und eignen sich daher auch ideal als Mitbringsel.

Bärenfang II

Zutaten

350 g Honig

Etwas Zimt

2 Nelken

1/2 l Arrak

1 l Schnaps, Obstler oder Klaren

Altersschönheit

1 Den Honig gießt man in ein größeres Kochgefäß und lässt ihn bei geringer Temperatur flüssig werden.

2 Die übrigen Zutaten gibt man dazu und lässt das Ganze bis zum Aufwallen heiß werden. Häufiges Rühren nicht vergessen!

3 Abkühlen lassen und in Flaschen füllen. Übrigens: Je länger dieser Bärenfang lagert, desto wohlschmeckender wird er.

Die Geschichte vom Bärenfang

Vor vielen, vielen Jahren, so heißt es, wurden die Bauern Ostpreußens von Bären geplagt. Der Schaden war groß, doch war es ihnen verboten, die Bären zu fangen. Da kamen sie auf den Gedanken, im Wald Töpfe mit Honig und Alkohol aufzustellen, um so die Bären anzulocken. Sie zogen in den Wald, stellten ihre Honigtöpfe auf und warteten geduldig. Bald kamen die Bären und als sie den Honig sahen, naschten sie so viel davon, dass sie in einen tiefen Schlummer fielen. Sogleich zogen die Bauern los, um sie zu fangen. Dadurch fanden sie an ihrem Trank selbst so großen Gefallen, dass sie ihn auch für sich zubereiteten. Das ist die Geschichte vom Bärenfang.

Kaffeeklatsch

Kaffeelikör wie in unseren Rezepten schmeckt pur sehr gut, doch ebenso gut eignet er sich zum Verfeinern von Mocca-Torten, von Eiskaffees oder Vanille-Eis.

Das Ursprungsland: Äthiopien

Kaffee trinken die Menschen nun schon seit vielen Jahrhunderten; bereits im 17. Jahrhundert wurden die ersten Kaffeehäuser in Europa eröffnet. »Coffe house Lloyd« hieß das erste, das in London eröffnet wurde, es folgten Wien, Marseille und Leipzig. 1690 gab es in Paris bereits 250 Kaffeehäuser! Die Entdeckung des Kaffees freilich liegt noch viel länger zurück – bis ins sechste Jahrhundert führen die Spuren. In dieser

ALLSEITS BELIEBT

Das aus den Kaffeebohnen gewonnene Getränk wurde im Morgenland von Sultanen wie Philosophen gleichermaßen geschätzt, Künstler schrieben lange Lobpreisungen auf das Getränk. Tausend Jahre später erreichte der Kaffee auch das Abendland.

Zeit wurden Kaffeesträucher aus Äthiopien, wo sie wild wachsen, nach Arabien gebracht und dort kultiviert.

Bis zur Mitte des 19. Jahrhunderts hatte sich der Kaffee in Europa als Volksgetränk durchgesetzt. Wesentliche Voraussetzung hierfür war, dass er auch in ausreichendem Maße erhältlich war. Um ihren Bedarf zu decken, begannen die europäischen Großmächte mit der Kultivierung des Kaffeebaums in ihren tropischen Kolonien.

Der Anbau breitete sich über die holländischen Kolonien Java und Surinam, die französische Karibikinsel Martinique und die Antilleninseln bis nach Südamerika aus. Brasilien ist heute, neben einigen zentralamerikanischen und afrikanischen Staaten, das wichtigste Erzeugerland.

Kaffeetrunk I

Zutaten

300 g gemahlenen Bohnenkaffee

2 1/2 l Wasser

1 Messerspitze Natron

1 3/4 kg Zucker

1 l Alkohol (96%)

25 g Vanilleessenz (aus der Apotheke)

Reifezeit: 6 Wochen

1 Den Kaffee mit dem Wasser abbrühen, eine Messerspitze Natron darüber streuen.

2 Das Ganze lässt man ca. eine dreiviertel Stunde stehen.

3 Dann gießt man die Flüssigkeit durch ein Tuch in einen Topf, fügt den Zucker hinzu und lässt alles 20 Minuten kochen.

4 Auskühlen lassen und dann mit dem Alkohol und der Vanilleessenz vermengen.

5 In Flaschen abfüllen. Bezähmen Sie Ihre Neugierde, es lohnt sich!

Wichtig für Kaffeeliebhaber

Sparen Sie nicht am Kaffee. In vielen Geschäften bietet man mittlerweile kräftige Kaffeemischungen an, die vor Ihren Augen frisch gemahlen werden. Für den echten Kaffeeliebhaber lohnt sich die Anschaffung einer eigenen Kaffeemühle. Nicht zu große Mengen auf einmal kaufen – auch Kaffee hat frisch am meisten Aroma. Zur Not bewahren Sie den Kaffee im Kühlschrank auf. Umschütten aus der Packung vermeiden!

> ### TIPP
>
> *In hübschen Gläsern serviert ziert ein Kaffeelikör jede Kaffeetafel, doch auch abends in geselliger Runde oder als krönender Abschluss eines Menüs kann er serviert werden.*

Kaffeetrunk II

Zutaten

70 g gemahlenen Bohnenkaffee

3/8 l heißes Wasser

150 g Staubzucker

1/4 l flüssige Schlagsahne

1/4 l Alkohol

Für Ungeduldige

1 Der Kaffee wird in einer Kanne mit dem Wasser überbrüht. In ein neues Gefäß durchseihen und den Staubzucker beifügen.

2 Wenn der Kaffee erkaltet ist, wird die Schlagsahne und zuletzt der Alkohol zugesetzt.

3 Dieser Likör kann sofort serviert werden!

Kaffeetrunk III

Zutaten

1 Flasche Malzbier

2 EL fein gemahlenen Kaffee

200 g Zucker

Etwas Vanillin

1/4 l Alkohol

Kräftigend

1 Das Malzbier und den Zucker aufkochen. Den Kaffee dazugeben und das Ganze noch einmal zum Kochen bringen. Auskühlen lassen und durch ein Tuch seihen.

2 Nach dem völligen Erkalten Vanillin und Alkohol zusetzen. In eine Flasche gießen. Die Flüssigkeit mehrmals schütteln, ehe man sie zur endgültigen Lagerung in eine neue Flasche füllt.

Mit Bier

Berauschten sich am Wein Edelleute und Könige, so war Bier von jeher das Getränk des armen Mannes; es wurde aus Weizen, Hafer, Hirse oder Gerste hergestellt – Getreidearten, die in seiner unmittelbaren Nähe wuchsen. Gerstenkeime oder Malz stellen die Hauptbestandteile des Bieres dar.

Geschichte des »flüssigen Brotes«

Heutzutage werden dem Bier aus geschmacklichen Gründen andere Pflanzen zugefügt, vor allem Hopfen. Früher verwendete man dazu auch Pilze, Zucker, Lorbeerblätter und Mohnsamen, doch hat es auch Zeiten gegeben, da verwendete man zur Bierherstellung nur Getreide.

ZUR STÄRKUNG

Im Mittelpunkt steht beim Bier und den entsprechenden Likören die kräftigende Wirkung. Nicht umsonst tranken europäische Mönche während der Fastenzeit Starkbier, um sich zu stärken.

Die Idee, dem Bier noch andere Geschmacksstoffe zuzufügen, hatten erst die Bewohner mittelalterlicher Klöster in Frankreich. Bald schon fand diese Methode in England, Deutschland und in den skandinavischen Ländern Verbreitung.
Das erste Bier-Land jedoch war Ägypten. Man verabreichte es, wie der Geschichtsschreiber Cassius berichtet, schon den Sklaven beim Pyramidenbau. In Ägypten wurde Bier schon vor fünf- oder sechstausend Jahren gebraut und fand von hier aus Verbreitung in ganz Europa, Asien, auch im Römischen Reich war es ein beliebtes Getränk, obgleich die Römer Bier selbst für barbarisch hielten. »Die Völkerschaften des Westens betrinken sich an schimmeligem Getreide«, klagte Plinius.

Rund ums Kräuterbier

Schon in früheren Jahrhunderten waren Kräuterbiere weit verbreitet und als Arzneimittel hoch geschätzt. Es gab Farnkrautbier gegen Gallen- und Leberbeschwerden, Lavendelbier gegen Schlagfluss, Schwindel, Epilepsie, Krampf und Herzbeschwerden, Salbeibier gegen Husten, Ohrenschmerzen und Zahnweh, Wermutbier gegen Magendrücken und Beschwerden der Leber, um nur einige der zahllosen Arten und Varianten zu nennen. Meist hängte man die getrockneten Kräuter eine Zeit lang in das Bier, und schon hatte man ein sehr bekömmliches »Cerevisiae medicatae« bereitet.

Stark alkoholisches Bier-Gebräu

Zutaten

Zutaten
2 l dunkles Bier
1 kg Zucker
2 Vanillestangen
Ein kleines Stück Ingwerwurzel, die man fein reibt
Die sehr dünn abgeschnittene Schale einer halben Zitrone
1 1/4 l Alkohol aus der Apotheke

Kräftigend

1 Das Bier wird gekocht und der Zucker so lange darin verrührt, bis er sich ganz gelöst hat.

2 Dann gibt man die aufgeschnittenen Vanillestangen und die Zitronenschale dazu und köchelt nochmals etwa 15 Minuten.

3 Man lässt abkühlen und vermischt das Bier mit dem Alkohol. Filtrieren und in Flaschen abfüllen.

ENGELSÜSS UND YSOP

Die Engelsüß macht ihrem Namen alle Ehre. Der Wurzelstock diente früher dem »Süßmachen« des Blutes, was eine Voraussetzung war, wenn man »jünger« werden wollte. Der Ysop dagegen verleiht dem Trank einen leicht minzigen Geschmack, macht ihn leicht und bekömmlich.

Kräuterbier

Zutaten

Zutaten
Eine Hand voll süße Engelsüß-Wurzeln, Waldsalbei, Fenchelwurz, Ysop und Erdefeu
1 l Bier, wenn möglich ohne Hopfenanteil

»Verjüngungstrunk«

1 Die Zutaten werden einige Minuten lang in dem Bier gekocht. Man filtert das Kräuterbier anschließend in Flaschen ab.

Morgens, mittags und abends ein Gläschen davon trinken.

Die Heilwirkung des Ysops

Nach Mitteleuropa kam der Ysop (*Hyssopus officinalis*), ein Bestandteil unseres Kräuterbiers, vermutlich wie viele andere Würzpflanzen auch, durch die Benediktiner, die bei ihren Klöstern Küchengärten anlegten.
Damals wurde das hübsche Kraut mit den königsblauen, weißen oder rosa Blüten jedoch mehr zu medizinischen Zwecken als in der Küche verwendet. Man verabreichte es gegen Hals- und Brusterkrankungen, Nachtschweiß, Rheumatismus sowie gegen Magen- und Darmbeschwerden.
Das Kraut mit dem leicht bitteren, minzigen Geschmack eignet sich auch als Zutat zu Suppen, Fisch- und Fleischgerichten und Saucen. Der Gewürz- und Zierstrauch wird im Garten und in der Rabatte kultiviert, aber auch als Einfassungspflanze für Wege und Beete und für die Topfkultur findet er seine Verwendung. Heute hat Ysop seine Hauptbedeutung in der Likörindustrie.

Mit Schokolade

Entdeckt wurde die Urform der Trink-schokolade, die Kakaobohne, von den Azteken. Das mittelamerikanische Volk schätzte Kakao als ein nahrhaftes Getränk, das Seele und Leib stärkte und gut gegen allerlei Gebrechen war. Auf nüchternen Magen getrunken sollte er sogar vor Schlangenbissen schützen.

Welthandelsgut Kakao

Der Aztekenherrscher Auizotl entlohnte seine Soldaten mit Kakaobohnen, und zu Beginn des 16. Jahrhunderts gab es eine richtige Kakaohandelsstraße, die bis an die Pazifikküste von Guatemala führte. Die Völker aus dem Süden tauschten ihre Kaffeebohnen, die begehrten Federn des Vogels Quetzal und diverse Edelsteine

gegen Stoffe und Töpferware aus dem kälteren Norden.

In Europa jedoch fand die Kakaobohne erst Ende des 16. Jahrhunderts weitere Verbreitung. Zum Durchbruch verhalf dem bitteren Getränk die Kombination mit dem Zuckerrohr, das die Spanier von den Kanarischen Inseln nach Kuba und Spanien brachten und dort anpflanzten. Mit Zucker gesüßt und Vanille gewürzt kam die Schokolade bald am spanischen und französischen Hof in Mode.

Nur die eigenwillige Liselotte von der Pfalz konnte die neuen Modegetränke nicht leiden: »Ich kann weder thé noch caffé trinken. Den chocolat find ich zu süß, der caffé kommt mir vor wie Ruß und das thé wie halbe Medicin ...«

Schokoladenlikör I

Zutaten

100 g Schokolade	
200 g Zucker	
1/2 l Milch	
1/8 l Weingeist	
1/8 l Cognac	

2 Wochen kühl stellen

1 Die Schokolade wird fein geschnitten und mit dem Zucker und der Milch unter ständigem Rühren in einem Topf gekocht.

2 Die beiden Alkoholika darunter mischen.

3 Die Flüssigkeit ganz abkühlen lassen.

4 Nach dem Erkalten füllt man das Getränk in eine Flasche um.

5 Den köstlichen Likör 14 Tage kalt stellen.

Gewürz-Kakao

Als nichtalkoholische Alternative zu unseren Likören für kalte Wintertage schmeckt ein gewürzter Kakao sehr gut: Pro Tasse Schokolade nach dem Standardrezept rechnet man eine Gewürznelke, ein Stück Stangenzimt, einen Teelöffel Vanillezucker und einen Teelöffel Pulverkaffee.

Die Gewürze werden mit dem Milchkakao aufgekocht und vor dem Auskühlen in eine Kanne abgeseiht. Man gibt einen Kaffeelöffel Pulverkaffee hinzu, füllt das Getränk in ein hohes Glas und serviert es mit einem Klecks Schlagsahne.

> **TIPP**
>
> *Wir stellen Ihnen hier zwei Rezepte mit unterschiedlichem Schwierigkeitsgrad vor. Der Aufwand für den zweiten Likör lohnt sich aber garantiert!*

Schokoladenlikör II

Zutaten

150 g Schokolade	
5/8 l warme Milch	
250 g Zucker	
3 Eier	
1/4 l Weingeist und 1/4 l Cognac	
oder 1/2 l Cognac	

1 Woche kühl stellen

1 Die möglichst frischen Eier trennen, das Eiweiß anderweitig verwenden.

2 Eine große Schüssel mit kaltem Wasser bereitstellen.

3 Die Milch in einem kleinen Topf erwärmen.

4 In einem zweiten Topf wird die Schokolade sanft erwärmt, mit der warmen Milch nach und nach verdünnt und restlos aufgelöst.

5 Jetzt den Zucker und die drei Eidotter untermischen.

6 Das Ganze wird auf kleiner Flamme mit einem Schneebesen bis fast zum Kochgrad sorgfältig geschlagen.

7 Den Topf in das kalte Wasserbad stellen, mit den beiden Alkoholika versetzen.

8 Weiterrühren bis zum völligen Abkühlen und dann in eine passende Flasche abfüllen.

9 Den Likör gut verkorkt und kühl aufbewahren.

Süßes mit Prozenten

Süßes mit Prozenten

Die nahrhaften Inhaltsstoffe Milch, Eier und Rotwein sind die Grundlagen für unsere nächsten Schlemmerliköre.

Milch rund um die Welt

Für viele ist Milch ein ganz besonderes Getränk. Schon als Babys trinken wir Milch, sie bedeutet für uns die erste Bekanntschaft mit der Welt und ihren Genüssen. Neben der Muttermilch ist die Kuhmilch die wichtigste Milch für den Menschen. 89 Prozent der vom Menschen verzehrten, aber nicht erzeugten Milch stammt von Kühen.

Am zweitwichtigsten ist die Ziegenmilch, sie ist süßer als Kuhmilch und leichter zu verdauen. Daneben gibt es Schaf-, Büffel-, Pferde-, Kamel- und Rentier-

---

TIPP

Auch für Erwachsene sind Milchprodukte wichtige Lieferanten für Mineralstoffe wie Kalzium sowie für Vitamine.

---

milch. Büffelmilch ist in Indien, Afrika und Asien sehr beliebt, aber auch in Italien, wo man sie zu dem berühmten Mozzarella verarbeitet.

In der Mongolei und anderen Steppengebieten trinkt man in der Hauptsache Pferde- und Kuhmilch, im Himalaya Yakmilch und in Alaska und Lappland Rentiermilch. In der Sahara ist die Schafmilch sehr verbreitet. Bei den Tataren, Kirgisen und Mongolen bereitet man aus vergorener Milch weinähnliche Getränke mit dem Namen »Kefir« und »Kumys«, über die schon Marco Polo berichtete: »Die Tataren trinken Stutenmilch, die sie gut zuzubereiten wissen, da sie die Eigenschaft und den Wohlgeschmack des weißen Weines enthält.«

Die Geschichte vom »Advokat«

Zu Recht gilt der Eierlikör als Klassiker unter den Likören. Sein berühmter Vorfahr ist der »Advocaat« oder »Advokat«, ursprünglich ein holländischer Likör, der aus Eiern, Zucker und Branntwein besteht. Seinen Namen erhielt er von der in südamerikanischen Ländern vorkommenden »Abacate«- oder »Avocato«-Frucht. Aus dem gelben Fleisch dieser Frucht sollen die Ureinwohner in einem dieser Länder einen Likör bereitet haben. So lernten ihn die Holländer kennen und schätzen; zurück in Europa, versuchten sie, die Abacatefrucht auch zu Hause anzubauen, dies Projekt scheiterte jedoch. Auf der Suche nach einer Zutat, die die Abacatefrucht ersetzen sollte, erfanden sie schließlich den Eierlikör.

> **TIPP**
>
> Besonders köstlich schmeckt der Eierlikör serviert in Waffel- oder Schokoladenbechern, die man hinterher mitsamt den Resten aufessen kann. Doch auch pur zum Kaffee schmeckt er sehr gut.

Eierlikör

Zutaten

4 Eigelb

200 g Zucker

Ein Stückchen Vanillestange

1/4 l Milch

100 ml Spiritus (aus der Apotheke)

Eierlikör einmal anders

1 Das Eigelb wird mit dem Zucker schaumig geschlagen.

2 Die Vanillestange wird ausgekratzt und das Mark dem Eierschaum zugesetzt.

3 Diese Masse mit der Milch und dem Spiritus vermischen und kühl lagern.

»Heiße« Milch

Zutaten

1/2 kg Staubzucker

1/2 l Milch

1/2 Vanillestange

Saft von 2 Zitronen

1/2 l Alkohol

Reifezeit: 1–2 Wochen

1 In einer Schüssel wird der Staubzucker mit der Milch glatt gerührt.

2 Zitronensaft, die längs aufgeschlitzte Vanillestange und den Alkohol hinzufügen.

3 Die Mischung füllt man in eine große Glasflasche und stellt sie für 8 bis 14 Tage ans Fenster.

4 Danach filtrieren und auf neue Flaschen ziehen.

Rotweinlikör

Zutaten

1 l Rotwein

1/2 l Rum

1/4 l Weingeist

800 g Staubzucker

1 Paket Vanillezucker

Kann sofort verzehrt werden

1 Die Zutaten mit dem Rührgerät gut verrühren.

2 In Flaschen oder eine Karaffe abfüllen.

Süßes mit Prozenten

Würzige Mischungen

Süße Leckereien

Zu Unrecht ist der Zimtlikör bei uns fast in Vergessenheit geraten, allenfalls in der Türkei kann man ihn noch finden. Sie werden von seinem zarten Aroma bestimmt begeistert sein.
Unser zweiter Würzlikör, der Bénédictine, ist dagegen ein echter Klassiker.

Kleine Zimt-Gewürzkunde

Unter den vielen verschiedenen Zimtarten sind heute der Ceylon-Zimt und die Kassia die beiden wichtigsten. Ceylon-Zimt duftet feiner und schmeckt etwas lieblicher als Kassia.
Während Kassia (in manchen Ländern Chinazimt genannt) ursprünglich aus Burma stammt, kommt Zimt aus Ceylon und war dort nur den Einheimischen

ZIMT UND KASSIA

Beide Zimtsorten werden in der Likörindustrie verwendet, in den meisten Magenbittern, Gewürz- und Kräuterlikören ist Zimt ein wichtiger Bestandteil.

bekannt, bis die Holländer ihn entdeckten. Beide Sorten stammen von kleinen immergrünen Bäumen, die an den Lorbeer erinnern.
Der Zimt wird aus der abgeschälten Rinde junger Zweige gewonnen, die man in der Sonne trocknen lässt, damit sie sich zu Röhrchen – zu unserem Stangenzimt – aufrollen. Der Ceylon-Zimt kommt in Form von hellbraunen, schlanken Röhrchen, die dunklere, würzigere Kassia als Pulver in den Handel.
In den Küchen der Welt wird Ceylon-Zimt zum Würzen von Kompotten, Süßspeisen, Suppen und Heißgetränken aller Art verwendet, aber auch zum Würzen von Fleischgerichten eignet sich Zimt sehr gut.

Zimtgetränk

Zutaten

1 Zimtstange

8 g Zimtpulver

150 g braunen Kandiszucker

1 l Weinbrand

Möglichst lange lagern

1 Alle Zutaten in ein weithalsiges Glas schütten.

2 Fest verschließen und an einem nicht zu warmen Ort stehen lassen.

3 Dann filtriert man und zieht das Getränk auf Flaschen.

Der Bénédictine

Unter den Kräuterlikören ist der Bénédictine (Benediktiner) einer der bekanntesten. Er gilt im allgemeinen als »König der Liköre«.

Erfunden wurde er zu einer Zeit, als die Schnapsherstellung noch ein Privileg der Mönche und Klöster war. Zu dieser Zeit brodelte und kochte es überall in dunklen Kellern, Kräuterküchen und hinter Klostermauern, denn es war bekannt geworden, dass die Methode, Früchte, Korn und Pflanzen zu destillieren, gegen vielerlei Gebrechen und Krankheiten half.

In jener Zeit entdeckte der Benediktinermönch Bruder Bernardo Vincelli im Kloster Fécamp in der Normandie das Rezept für ein Kräuterelixier, das bald darauf unter dem Namen »Bénédictine« berühmt wurde. Selbst der französische König Franz I. zollte dem Likör im Jahre 1534 seinen Respekt.

In späteren Jahrhunderten gingen Rezepte und Fabrikationsberechtigung an einen

---

TIPP

Obwohl die Herstellung durch die Beschaffung der vielen Zutaten zugegebenermaßen etwas mühsam ist: Unser Bénédictine schmeckt besser als gekauft!

Bénédictine

Zutaten

1/2 l Wasser

1/2 l Alkohol

Kleinste Mengen: Nelkengewürz, Zimt, Majoran, Pfefferminzblätter, Lavendelblüten, Thymian, Rhabarberwurzel, Safran, Enzianwurzel, Absinth, Galantwurzel

250 g Zucker

Reifezeit: 2–3 Monate

1 In ein Gefäß gibt man den Alkohol und einen Viertelliter Wasser und sämtliche Gewürze außer den Lavendelblüten und dem Safran.

2 Nach einer Stunde setzt man die beiden restlichen Gewürze zu und lässt alles zusammen noch etwa eine Viertelstunde stehen.

3 In der Zwischenzeit den Zucker in einem Viertelliter Wasser läutern, das heißt so lange kochen, bis die Zuckerlösung in breiten Tropfen von einem hineingetauchten Löffel fällt.

4 Die Zuckerlösung zu dem Gewürzansatz geben und gut untermischen.

5 Danach gießt man den Bénédictine durch einen Filter und füllt ihn in gut schließende Flaschen.

»weltlichen« Likörhersteller, der Produktion und Vertrieb des Bénédictine ausweitete und ihn auf der ganzen Welt berühmt machte.

Obwohl das Rezept des Bénédictine geheim ist, weiß man, dass die Auszüge von 27 Pflanzen und Kräutern in diesem goldfarbenen Likör enthalten sind. Unter ihnen: Melisse, Arnika, Frauenhaar-Farn, Vanille, Zimt, Myrrhe, Koriander, Muskatnuss und -blüte, Kardamom, Aloe, Ysop, Safran und Estragon.

Würzige Mischungen

Impressum

Verlagsgruppe Random House FSC® N001967
Das für diesen Titel verwendete FSC®-zertifizierte Papier *Profimatt*
wurde produziert von Sappi Ehingen.

ISBN: 978-3-8094-3284-5

1. Auflage
© 2013 by Bassermann Verlag, einem Unternehmen der Verlagsgruppe
Random House GmbH, 81673 München
Die Ursprungsausgabe erschien im Weltbild Verlag, Augsburg, unter dem Titel
»Heilschnäpse zum Selbermachen«

Umschlaggestaltung: Atelier Versen, Bad Aibling
Layout: BuchHaus Robert Gigler GmbH, München; Dirk Risch, Berlin
Projektleitung: Anja Halveland
Bildredaktion: Elisabeth Franz
Fotos: akg-images: 13; ccvision: 116; Falken Verlag: 120 (Arras); Fotolia: 15 (drubig-photo); 90 (Daniel Bujack);
62 (diligent); 73 (Hans Holzkopf); 56 (Liane M.); 93 (lilith da vinci); 66 (makuba); 103 (Joachim Opelka); 104
(Mauro Rodrigues); 102 (Michael Hieber); 72 (Rene Metzler); 55 (Sven Weber); 107 (Volff); 74 (Volkmar Gorke);
96 (Xiadong Ye); Gialloplenta 67 (Wikipedia); Nicolai Schäfer 64 (Wikipedia); Südwest Verlag 40, 68, 81, 82, 106,
110 (Albrecht); 26, 27, 44, 124 (Archiv); 87 (Hatz); 24, 30, 31, 32, 33, 34, 36, 50, 54, 78, 80 (Heller); 108 (Hoffmann);
8 (Holz); 84 (Kerth); 85 (Matz); 22, 35, 38, 112 (Newedel); 48, 49 (Olonetzky); 89 (Plewinski); 2, 10, 18, 52, 86, 92,
118, 122 (Rees); 70, 100 (Schieren); 45 (Schoenenburg); 37 (Schmitz); 114 (Seiffe); 58, 98 (Sperl); 28, 46, 51, 60, 76
(Thumm)

Satz: kreativsatz, Nadine Thiel, Baldham
Druck: Druckerei Theiss, St. Stefan

Printed in Austria

67427140311

Stichwörter von A bis Z

Rezeptregister